领袖与大众的互动模式

傅红春 著

人民出版社

自　序

　　"领袖偏好效应" 是我在 1985 年所杜撰的一个词。它的完整表述是：国家政治领袖的个人生活偏好对社会的政治、经济、文化发生的效应。

　　领袖偏好效应，在中国浩瀚的古典史籍中有许多记载；在现代世界各国的各种大众传播媒体中也有大量的报道。可以说，从古到今，从中到外，领袖偏好及其效应历来为人们所喜闻乐见、所亲身体验。

　　齐桓公好服紫，齐国人尽服紫。近臣以服紫作为迎合君王的权谋之计——政治效应；紫色衣服供不应求，价格远远超出其他颜色的衣服——经济效应；风尚以服紫为美——文化效应。

　　楚灵王好细腰，楚国多饿人，甚至有人为细腰而饿死。

　　周幽王好宠妃，以戏弄诸侯博妃子一笑，最后死于戎人之手，西周王朝覆灭，中国从此进入战国时代。

　　2004 年的美国总统大选中，小布什和其对手克里在盛产玉米的小镇，争相表现对玉米的喜爱。当众 "生啃" 玉米的小布什，略胜一筹（最后连任成功）。

　　2007 年法国总统大选的胜利者萨科齐，喜欢慢跑，他的这个偏好经常给他带来法国内外的纷纷议论。

2001 年 10 月，当时的中国领导人与出席亚太经济合作组织峰会的其他领袖在上海穿着唐装一起亮相，引发中国的"唐装热"。当晚看见电视新闻的一位在校大学生敏锐地"嗅"到商机，定购、批发唐装，一笔就挣了 10 万。

略感遗憾的是，关于领袖偏好效应，一直缺乏严肃学者的系统整理与深入的研究。

1985 年，我（署名"寸工日"，取姓名每个字的一个部分）在武汉的一个名叫《生活新潮》杂志的创刊号上，发表了一篇文章，题为"领袖消费偏好的社会效应"。算是第一次明确提出这个问题。当时，好几家报刊转载了这篇文章。

这部书力图学术性与趣味性相结合。

如果你已经是一位领袖，或者是有望马上成为领袖的准领袖，或者是有志于将来成为领袖的候补领袖，那么，我希望，你能从这部书中寻到"领袖之道"。道者，对现在的领袖，策略也；对未来的领袖，路径也。

如果你是领袖的朋友、顾问，或者是研究领袖的学者，那么，我希望，你能从这本书中找到对领袖如何去看、如何去想、如何去说、如何去做的启示。

如果你是一位为设计名牌、优质、新颖、奇特产品而绞尽脑汁的雇员，或者是一位为扩大市场占有率而煞费苦心的老板，那么，我希望，你能从这本书中抓到顿开茅塞的灵感。

如果你是一个处于热恋之中的青年或者是中年或者是老年人；那么，我希望，你能从这本书中悟到取悦于、取信于你的爱人而从内在情感和外在形象上优化自己的风度、气质、魅力的方法。

如果你……

一句话，我希望所有的读者，雅也好、俗也好、老也好、少也好，都能从这本书中有所得。

亲爱的读者，请你和我一起来欣赏古今中外领袖们的偏好及其效应的各种趣闻、轶事、掌故；请你和我一起来探索：在不同的时间、空间中，由不同的领袖以不同的偏好所铭刻出的不同的政治、经济、文化的历史痕印和未来轨迹。

古希腊最伟大科学家阿基米德①有一句传世名言：给我一个支点，我将拨动地球。

"领袖偏好效应"，正是这样一个支点。让我们都来把握住它，齐力拨动地球，使世界更快地朝着明天旋转、旋转……

谢谢各位读者！

欢迎批评！

著　者

2007 年 7 月 31 日

于美国纽约州 Manlius

---

① 阿基米德（Archimedes，约公元前287～前212年），物理学家、数学家，静力学和流体静力学的奠基人。科学史上，除了伟大的牛顿和伟大的爱因斯坦，再没有一个人像阿基米德那样为人类的进步做出过这样大的贡献。即使牛顿和爱因斯坦也都曾从他身上汲取过智慧和灵感。他是"理论天才与实验天才合于一人的理想化身"，文艺复兴时期的达·芬奇和伽利略等人都拿他来做自己的楷模。

目　录

1

齐桓公喜欢穿紫色的衣服，齐国上下都学国君的样，以穿紫色衣服为时尚，弄得紫色衣服奇贵，五件其他颜色的衣服也抵不了一件紫色的衣服。

　　对此，齐桓公十分忧虑，就向相国管仲讨教："我喜欢穿紫色衣服，紫色衣服就昂贵起来，全国老百姓穿紫色衣服的越来越多。这如何是好？"

　　管仲建议："国君可以试一试自己不穿紫色衣服，并对周围的人说，我十分讨厌紫色衣服。要是恰巧有穿紫色衣服的人来拜见，你就说，'闪开，我讨厌紫色衣服。'"

　　齐桓公依计而行。

　　第一天，宫中没有一个人再穿紫色衣服；第二天，都城中没有一个人再穿紫色衣服；第三天，齐国境内没有一个人再穿紫色衣服。

　　　　　　　　　　　　《韩非子·外储说左上》

第1章
领袖偏好效应概述

一、领袖

本书所涉及的领袖，有三个限定。一是指国家领袖；二是指国家政治领袖；三是指实证意义上的国家政治领袖。

1. 第一个限定：国家

国家有大小之分，有新旧之别。大小既可以是指幅员的辽狭，也可以是指人口的多少，更具有意义的是指实力的强弱。而实力强弱，早先是侧重于军事实力，而现代则更讲究经济实力，即经济发达程度的高低。新旧既可以是指在历史上存在时间的早晚与长短，也可以是指在现代文明的政治、经济、文化主潮中所列位置的前后与轻重。

不管怎样进行划分，按照现代国际通认的观点，只要具备三个最基本的要素，即土地、人民、主权，就构成了一个国家。

某些国家是虚幻的。

美国国务院经常收到新国家立国的公告。工作人员经过核实，往往得到这样令人遗憾的结论："我们不能确定这个国家的地理位置。"比如"卡斯特兰迪亚联合王国"、"佩尔尼隆戈斯海岸王国"、"米纳瓦共和国"等等，都令美国国务院的官员空忙一场。这些国家，都是一些极富有想像力的人的幻觉，他们或者是在传说中的世界、或者是在自己虚构的世界，发现或者是创造了一个在现实的世界中根本不存在的国家。

某些情况下，类似的新"国家"也确实在现实的世界中找到了一个立锥之地。

1996年，一对英国夫妇住在一个第二次世界大战后遗留下来的装备有雷达的海上平台上，他们宣布这个海上平台为"海兰国"。

1970年4月21日，澳大利亚的乔治·卡斯利，缔造了一个新"国家"。卡斯利是一个农场主，因为对于澳大利亚政府的农业政策不满，因此决定将自己的农场改为"哈特河省"，后来又宣布为"哈特河王国"。

美国商人莫顿·米兹声称对一组岛屿拥有主权，因为他是1870年发现这个孤岛的英国船长的后裔。米兹宣布在这个孤岛上建立王国，以贝多芬的第五交响乐作为国歌。

1988年12月31日，英国一个小岛上的几百名居民宣布成立一个新"国家"，并电邀即将卸任的美国总统里根出任这个国家的首脑。如此"暴乱"，英国政府并未在意。因为这个"国家"只存在一天，是岛上居民为募捐而开的一个"国际玩笑"。

美国国务院的地理秘书处处长乔治·登科说:"似乎难以令人相信,但是我们的名单上,每年至少增加两个这样的'国家'。"美国国务院对收到的所有立国公告,不论是真实的还是虚假的,都以同样尊重的态度加以处理,耐心细致地编入存档目录。

在构成国家的三个基本要素之中,土地和人民都比较容易弄到,比如一寸土地也是土地,一个人也是人民;但主权就很不容易弄到了。好在本书不是谈"如何立国"的教科书,对于如何"弄到"主权,就免谈了。

本书所指国家领袖、国家的含义,既指特定的空间范围,也指特定的权力层次,是指全国范围的、最高权力层次的领袖。对于各部的部长们以及各省、市、县的省长、市长、县长们,就不列入了。这不是笔者的"眼光太高",瞧不起这些部长、省长、市长、县长,而实在是一门学科的特定研究对象所限。相信部、省、市、县的诸长们,能够体谅。实际上,本书所论,在很多情况下都能够伸延至部长、省长、市长、县长。

2. 第二个限定:政治

在一个国家里,有企业领袖,有学术领袖,有宗教领袖,有民意领袖,有军事领袖,有政治领袖。有时候它们之间也分不开,比如政教合一时代的宗教领袖与政治领袖,军政合一时代的军事领袖和政治领袖(现代化国家中的政治最高领袖也往往同时是军事力量最高领袖)。本书专指国家政治领袖。

国家政治领袖，包含国家元首、国家行政首脑、国家议会领导人、国家主要政党特别是执政党领导人。

在不同的国家、不同的时代，领袖的名称不一样，有国王、皇帝、君主、可汗、苏丹、首相、总统、总理、总裁、院长、议长、委员长、主席、总书记、第一书记等。

领袖的权力排列不一样，排在第一位的，或国家元首，如法国总统；或行政首脑，如德国总理、加拿大总理、英国首相、日本首相；或执政党领导人，如朝鲜劳动党总书记；或宗教领袖，如伊朗的霍梅尼。

领袖的名分和实际权力的关系不一样，有的有名有实，如中国清朝的第四位皇帝乾隆，不仅当皇帝时有名有实，而且更难得的是当"太上皇"时，也是有名有实（中国历史上的"太上皇"很有一些，有的有名无实，有的无名有实，有名有实的"太上皇"少见）；乾隆的曾孙媳妇、咸丰皇帝的西宫太后慈禧，三度"垂帘听政"，则是无名有实（中国历史上的太后主政，也有好几位，武则天是有名有实，干脆自立为皇帝）；慈禧的傀儡皇帝同治、光绪、宣统，自然就是有名无实了。

领袖的职位和权责关系不一样，有的一职一责；有的多职一责；有的一职多责，如美国总统，是国家元首、行政首脑、武装部队总司令的"三位一体"。

领袖的职位和就职人的关系不一样，有的一职一人；有的多职一人；有的一职多人，如圣马力诺共和国，两名执政官同为国家元首。

3. 第三个限定：实证

经济学中，有两个这样的学派，一个是"规范经济学"，另一个是"实证经济学"。最通俗地解释，"规范经济学"回答"应该如何、如何"的问题；"实证经济学"则回答"事实怎样、怎样"的问题。本书提到的领袖，就是根据"实证"的办法，而不是根据"规范"的办法。也就是说，只看某个人"是不是"领袖，而不是考虑这个人"该不该是"领袖。

从总体上讲，本书不涉及对领袖人物的功过评估与是非判断。所提到的领袖，不乏具有远见卓识者、雄才大略者、深涵厚养者、贤言明行者、文治武功者、丰业伟绩者；同时，也有短见陋识者、阴才小略者、浅涵薄养者、粗言暴行者、文乱武过者、破业败绩者。

希特勒是不是领袖，是领袖。如果他只是一个平头百姓，他也就不可能对世界人民、对世界文明发生那么巨大、那么深远的破坏。希特勒该不该是领袖，不该是领袖。如果他不上台，世界历史会重写。

二、偏好

"偏好"这个词，容易理解，也容易使用，但却不容易下一个学术的定义。颇有点"只可意会不可言传"的味道。我对"偏好"的表述是：比较定型的非理性的倾向。

1. 人人有偏好

本书中提到的偏好，都是指个人生活的偏好。个人生活，无非是衣、食、住、行等等。任何人都少不了个人生活，任何人都会有自己的个人生活偏好，不管你是平民还是领袖。

关于偏好的表述中，倾向的意思就是选择。因为如果没有选择的余地和机会，也就谈不上倾向性了。可以用数学式子来描述倾向。

设 N 为可供选择的一个系列，M 为选择的结果，那么，必须符合

$$N \leqslant 2；并且 1 \leqslant M < N$$

比如，人要摄食（练中国气功者，据说有的可进入一种称为"辟谷"的状态，其最标准的形式，就是不用摄食，而是通过"真气"的运行来获得生命所需的能量）、人要穿衣（这更多的是一个社会的心理的规定，而不是一个生物的生理的规定），无可选择，就谈不上偏好。但吃什么、穿什么，如何吃、如何穿，却是可以选择的（非洲饥民几乎没有选择，也是一种非正常状态），这就有了偏好。

希特勒爱吃鸡蛋，爱穿戎装。这就是他的倾向，他的选择，他的偏好。希特勒的厨师，会用 101 种不同的方法烹调鸡蛋；希特勒的衣橱里，有 100 套军服，60 双长筒靴和 35 顶军帽。

苏联领导人勃列日涅夫喜欢使用一个装有定时器的烟盒，每隔一小时，他就一本正经地把可给他抽的那支烟取出来抽掉。但是隔不了几分钟，当着来访的外国领导人，他又从上衣的另一个口袋里掏出一只未装定时器的烟盒取烟。这样，

他就可以熬到定时器允许他名正言顺地再抽一支烟的时候。

日本首相佐藤也喜欢抽烟，即使在记者招待会这样的公开场合，嘴里也仍然叼着烟斗，一个劲儿地喷云吐雾，毫不在乎记者们的反感。

艾森豪威尔任美国总统时，他的秘书发现他的一个习惯。当总统情绪不佳的时候，总是穿棕色上衣。因此，每当总统要走进办公室时，秘书就先从窗口观察总统上衣的颜色。如果情况不妙，便紧急向其他工作人员通报，警告他们，总统今天穿的是棕色上衣。

法国总统蓬皮杜的办公桌上，除了一架镀金的双头鹰台灯，从不积压任何其他的东西。他说，他永远不让桌子上和头脑里有任何积压的东西。

选择可以是肯定的，也可以是否定的。也就是说，喜欢什么是一种偏好，不喜欢什么也是一种偏好。

英国女王伊丽莎白二世爱吃小鸡、松脆糕点和薄荷汁，英国首相撒切尔夫人爱吃多维尔海峡的鳎，这都是肯定型偏好；女王忌蒜，女首相忌牡蛎，则是否定型偏好。

2. 偏好无定律

选择时的非理性，也就是偏好没有定律。如果存在着一个（或几个）定律，规定了应该如何、必须如何，那么就没有偏好可言了。

选择什么，不存在着一般的通用的科学公理、审美准则、法律规范和道德约束，人人应该并且必须遵循，而是高度个性化的，选择主要取决于各人不同的出身、经历、生理状况、心理素质、所受的教育、所处的时空环境等等。有的偏好甚至说不出什么原因。

奥匈帝国皇帝约瑟夫爱睡窄窄的军用床，因为他 18 岁即位，在位 67 年，上马治军，下马主政，一生不离戎装，对军旅生活有特殊的钟情。

日本首相福田赳夫特别喜欢吃荞麦面条。出国访问时，也要由日本国驻外使馆为他做荞麦面条吃。日本人认为鸡丝荞麦面条最好吃，但福田总是把鸡丝挑出来，只吃面条。原因是，福田夫人不喜欢吃鸡肉，久而久之，福田也对鸡肉不感兴趣了。

美国总统安德鲁·约翰逊每次经过任何一个裁缝店，总要进去寒暄几句。因为他十多岁时，做过裁缝学徒。

沙特阿拉伯国王费萨尔在国宴上，以美味可口的烤羊肉招待客人，自己却只吃米饭、豌豆和青豆。吃的时候，用叉子将豆子捣碎，用匙子一点一点地送进嘴里。因为他患有溃疡病，只能吃刺激性最少的食物。

希特勒后来成了素食主义者，因为他相信用特定饮食来延长大象寿命的做法，同样也适合于他。

希特勒从不跳舞。据研究者分析，这是因为希特勒是一个性心理变态者。

意大利总理范范尼也不喜欢跳舞。与希特勒的原因不同，他是因为生理的缺陷。范范尼身高仅 1.58 米，又长着个大肚子，差不多成了一个大圆球。他的"朋友们"总称呼他是"欧洲最大的矮子"。如此身材，与舞场是不太协调。

有些偏好，则很难讲清楚具体的直接的原因。

苏联领导人赫鲁晓夫总爱坐在汽车前座，与司机并排。

他的继任者勃列日涅夫却总是稳坐在垫套讲究的后座，连头也不朝司机的方向抬一抬。

英国女王伊丽莎白二世爱读克里斯蒂的推理侦探小说。日本首相吉田茂爱看《钱形平次侦探记》和《福尔摩斯探案》一类的书。

联邦德国总理阿登纳也爱看侦探小说。每当冬季度假，就是靠侦探小说取暖。女秘书念，阿登纳和其他人听。有天晚上，小说的紧张情节正进入高潮，大家屏息无声。突然一声刺耳的尖叫划破了充满恐惧的寂静，弄得大家胆战心惊。这是在座的一位女听众发出来的，原来从她坐的那只暗红色天鹅绒沙发的缝隙中，爬出了一只白色的蜘蛛。

美国总统约翰·昆西·亚当斯喜欢游泳。有一次，他清晨到河中击水畅游，不料小船破了一个洞，沉没了，他的衣服都被冲走。总统不得不尴尬地返回白宫。

埃及总统纳赛尔喜欢得到领带。他认为，一条理想的领带应该是宽条纹的，而且，条纹的方向，应该是从右向左倾斜。

3. 偏好的定型与突变

偏好具有稳定性，具有惯性，或者说具有惰性。不是变幻无常、捉摸不定的。偏好是一个人的心理模式和行为模式中比较定型的构件，有时甚至成为某个人最具有代表性的独特符号。

联邦德国总理阿登纳爱看《宇宙》杂志，是这家刊物五十多年的老订户。他总是将办公桌收拾得整整齐齐，样样摆得井然有序。一只盒盖上画有矿工和煤车图案的笔盒，五十多年一直摆在他的书桌上。

巴基斯坦国的缔造者穆罕默德·阿里·真纳喜欢订阅世界各地的报纸，剪贴新闻，加以注释，汇编成册，一搞就是几个小时，终生如此。

希特勒的发型，很为世人所熟悉。总是右分头，前面一缕长发由右上额斜向左眉尖。任何一个演员要扮演希特勒，如果他不是这种发型，演技再好，谁也不会承认他扮演的是希特勒。

英国首相丘吉尔，总是手不离大雪茄。第二次世界大战期间，一个著名摄影师为丘吉尔拍照，左摆布右摆布，总不理想。摄影师急中生智，在按下快门前的刹那，一把抢下丘吉尔的大雪茄。据说这是丘吉尔唯一的一张没有大雪茄的照片（当然是指自从他抽上大雪茄以后。光着小屁股到处爬的孩提时代，照片上也一定没有大雪茄）。在这张后来被誉为经典之作的摄影作品上，丘吉尔的表情，像一头怒吼的雄狮，极其生动、传神地表现出了神圣权利被侵犯、心爱之物遭剥夺时候的震惊和气愤，以及要与侵犯者、剥夺者决一死战的激情和豪气。这张照片，给正在与法西斯浴血奋战的英国和全世界人民以极大的振奋。摄影师的成功，就在于通过突然破坏拍摄对象的偏好惯性而激发出拍摄所需的特定情绪。

比较定型的偏好，也不是完全不会发生变化。

日本首相原敬早先是个大烟鬼、大酒鬼，后来却突然戒掉了烟酒。因为他由于烟酒过量晕倒过两次。

古巴以产雪茄、抽雪茄闻名于世。古巴领导人卡斯特罗原来也一直是口不离雪茄。但从 1985 年起，见不到卡斯特罗抽雪茄了。为了推动全古巴的戒烟运动，他带头放弃了自己几十年的老习惯。

新加坡总理李光耀对自己的体重和体质都很注意。他曾日抽 20 多支香烟，后来由于某次竞选中抽烟过多而失声，无法答谢选民，于是毅然告别十多年的烟民生活。他每天坚持做一小时运动，或跑步，或骑自行车，持之以恒，从不中断，有时出国访问，如果所去的国家缺乏运动设施，还得自带运动器材。①

英国首相撒切尔夫人过去总爱和家人一起去滑雪。后来，她认为滑雪有出事故的危险，所以就不再滑雪了。

意大利总理加斯贝利在 54 岁那年发生一起事故之前，一直是一个劲头十足的登山爱好者。在那次，他攀登多洛米茨山，一失足，由绳子挂着在一道极深的峡谷的半空晃悠了 20 多分钟才摆到安全的地方。

约翰·泰勒是美国历史上第一位因在职总统去世而继任总统的副总统。由此，当时他很被人瞧不起，得了一个绰号叫"偶然先生"。他不喜欢社交，被称为是"不举行宴会的总统"。在总统任内，他的第一个妻子去世后，比他小 30 岁的朱利娅成为他的第二个妻子。朱利娅最讨厌别人说她丈夫是"不举行宴会的总统"。在泰勒任期将满的前几天，朱利娅和丈夫在白宫举行了第一次盛大宴会，招待上层各界名流。几年来冷冷清清、死气沉沉的白宫一反常态，充满了欢声笑语。当来宾们赞扬泰勒夫妇举行了这么漂亮时髦的宴会时，

---

① 畅征：《小国伟人李光耀》，学苑出版社 1997 年版，第 100～101 页。

泰勒说："谢谢，我的'不举行宴会的总统'的帽子是否可以摘掉了？"

4. 偏好的个性与社会性

偏好的高度个性化，是限于一个特定的选择序列之内。这个可供选择的系列是一个什么样子，个人通常无能为力，要取决于特定的政治、经济、文化的社会条件。也就是，社会性决定可供选择的范围，而偏好则是选择的结果。

英国女王伊丽莎白二世喜欢看电视以做消遣，但在没有电视的时代，任何个人哪怕是权力再大的领袖，也不会有喜欢看电视的偏好。

中国的古代文化传统以"琴、棋、书、画"为高雅。日本深受中国古文化影响，因此鸠山一郎首相、铃木善幸首相有喜欢围棋的爱好。

在西方，高尔夫球、网球、台球号称"三大绅士球"。喜爱并精通这三种运动的领袖，大有人在。美国总统哈丁、艾森豪威尔、老布什等，喜爱打高尔夫球，是十分有名的。老布什竞选连任遭到失败，其爱打高尔夫球受到广泛批评，不能不说是一个不大不小的原因。选民们认为，经济如此不景气，你却还如此沉醉于打高尔夫，是不是有点太那个了。

三、效应

可以提出的问题是：有没有效应？有什么效应？为什么

有效应？如何发生效应？如何预计效应？

1. 有没有效应

领袖个人的生活偏好，有些会对社会的政治、经济、文化发生效应，有些则不会发生效应。

法国总统蓬皮杜喜欢朴实无华、崖石重叠的风景。他还喜欢悲剧（文化艺术中的一种表现形式，而不是他自己的实际生活）。

英国首相撒切尔夫人则是喜欢喜剧。

苏联总统戈尔巴乔夫喜欢的是历史剧。在忙着前往美国参加美苏首脑会谈的百忙之中，他和夫人赖莎仍然抽出时间去欣赏一出历史剧。

日本首相片山哲喜欢换衬衣，一天要换几次。因为他常出汗，动不动就汗淋淋的。

日本首相佐藤荣作是个沉默寡言的人，经常一个人在家中用扑克牌算命，或者独自伏案抄写经书。

这样的一些偏好，很难说对于社会的政治、经济、文化有什么效应。

2. 有什么效应

对社会发生效应的那些领袖的个人生活偏好，会发生什么样的效应呢？

先看一个例子。

在一次记者招待会上，菲律宾总统阿基诺夫人与记者有一段对话：

记者：总统阁下，我一直将你在 1986 年竞选总统时的照片同你现在的照片加以比较。我发现你长胖了。这是不是说你的工作干得很来劲，或者说，你的政府问题成堆，使你的胃口大开？

总统：我在竞选总统时，有时连饭也吃不上，不是说我不想，而是因为没有时间吃，或者是根本没有东西可吃。当了总统可就不一样了，有许多人专门管你吃的，而且给你做特殊的饭菜。我担心自己经不起山珍海味的诱惑。不过，请相信，我正努力减肥呢。可话说回来，眼下要减肥谈何容易。我不是一个爱运动的人，不过，我想，我能保持内心的平静，这也许就是我保持健康的原因。我喜欢吃巧克力，吃得太多了。因为当了总统后，人们不断给我送巧克力。

记者：我们可以知道你……（体重增加）几磅吗？

总统：呵，不，不，不，我虽然很民主，但也不至于回答这种问题。

由这个例子我们看到，阿基诺夫人的饮食偏好，对她的体形发生了作用。这是一种自我效应而不是一种社会效应。我们关心的，是对社会的效应。假如，刺激了巧克力的销量，就是对社会的一种经济效应；假如，招来了反对派的攻击，指责她饱食终日，无所事事，就是对社会的一种政治效应；假如，引起了人们审美观念的变化，以肥胖为时髦，就是对社会的一种文化效应。这里边用了三个"假如"，其实，实际的例子是非常多的（本书所列举的只是很小很小的一个部分，但也够诸位读者一饱"眼福"了）。

美国总统里根穿上中国天津制造的高级 T 恤衫，美国经销商得意地用此大做广告。天津高级恤衫，是 1979 年第一次进入美国市场，当年的订单只有四千打。到 1980 年，也就是里根任总统的第一年，增加到二万打；1981 年，增加到七万四千打。这就是经济效应。

在拉丁美洲各国的竞选运动中，使用外国顾问（几乎全部是美国顾问）已经成了一种传统。1978 年，作为基督教民主党总统候选人路易斯·埃雷拉的竞选顾问，戴维·加思来到了委内瑞拉。顾问给这位身体肥胖的政治家出的第一个主意就是：节制饮食，减轻体重。然后，加思为埃雷拉摄制了八集电视连续短片，表现这位与民同苦的政治家与那些对当时的现实普遍不满的民众在公众场合亲密谈话的情景。这为埃雷拉的竞选活动帮了大忙，使他击败了对手，登上了总统宝座。这就是政治效应。

中国宋朝的徽宗皇帝喜好绘画和书法，而且造诣很深，其院体花鸟画和瘦金体书法，史有盛名。[①] 北宋初，宫廷中就有了翰林画院；到徽宗时，画院发展到极盛。[②] 这就是文化效应。

由本章的题例，齐桓公服紫[③]，我们可以看到，齐桓公对紫色衣服的偏好，既有文化效应，即风尚以服紫为美；也有政治效应，即近臣以服紫作为迎合君王的权谋之计；还有经济效应，即造成紫色衣服供不应求，价格远远超出其他颜色的衣服。

---

① 2008 年 4 月 20 日，在一个香港的拍卖会上，宋徽宗的行草长卷《临唐怀素圣母帖》，以 1.15 亿港币，创下中国书法作品拍卖的世界纪录。

② 有"中华第一神品"之称的《清明上河图》，有人就认为是出自那个年代。

③ 齐桓公（？~约公元前 643 年，约公元前 685 ~ 前 643 年在位），春秋时齐国国君，春秋时代第一个霸主。

韩非子在讲"齐桓公服紫"故事时，还讲了一个类似的"邹君断缨"①。后人就以"邹缨齐紫"作为成语，表示上行下效。

3. 为什么有效应

领袖个人的生活偏好，为什么会对社会发生效应。最简单讲，因为两个原因，一是人所具有的社会性；二是领袖在这种社会性中所占有的特殊的位置。

人是社会的人，每个人都处在与其他人的各种各样的联系之中，每个人都会影响到其他人，每个人也都会受到其他人的影响。即使一个最普通的平民，他的个人生活偏好，也有可能对于社会的政治、经济、文化发生效应，只是不那么明显、不那么深刻、不那么被注意、不那么被感受罢了。而作为领袖，他的特殊的知名度、特殊的权势，就使得他不同于一般的普通平民百姓，使得他的个人生活偏好具有超出常人的社会扩张力。

希特勒规定了画家所能使用的颜色以及餐馆烹调龙虾的方法。普通人谁有这个权力？！

德国皇帝威廉二世有一幅他授意而画的肖像，以战舰为背景，身着海军制服，他以此表示他对于海军的兴趣和重视。

在英国，早期的足球比赛不拘任何方式，只要将球从这个教区踢进另一个教区的球门就行。双方对阵中要越过篱笆，横跨田野，距离远的要经过几个城镇，远达数公里，每方的

———————————

① 《韩非子·外储说左上》。

球队都由挑选出来的精壮汉子组成，多者可达数百人，一场比赛要延续好几个小时。由于人多、路远，球员踢、打、抢、拉，横冲直撞，动作粗野，常常引起喧闹、斗殴甚至暴动，因此，英国国王爱德华二世于1314年正式下令禁止足球比赛。

国王禁止足球比赛的原因还在于，当时射箭是英国的重要军事技术，但对足球着迷的青年都不练习射箭了。据说，1297年英格兰之所以在战争中败给了苏格兰，就是因为爱好足球的士兵在战场上拒绝与敌人交战，而宁愿同他们比赛足球。后来，当射箭已经不再是重要军事技能后，就再也没有人想继续禁止足球比赛了。爱德华二世下达禁令后的300年，1615年，英国国王詹姆斯一世以亲临赛场观看一场足球比赛的方式，宣告了王室对于足球运动的正式认可。

"四十英亩俱乐部"是美国一个种族界限十分森严的老牌俱乐部。林登·约翰逊就任总统后不久，就设法取消那里的种族隔离。他的办法很简单，从工作人员中随便拉了一个黑人妇女，并肩走进俱乐部的大厅。

"总统先生"，那位妇女开始时感到有点紧张，问总统，"你这是准备干什么呀？"

"别紧张，"总统让她安定下来，"他们当中至少有一半人会把你误认为是我的妻子。这就是我所希望的。"

约翰逊的这一行动果然大奏奇效。自此以后，统治这个俱乐部一个多世纪之久的种族隔离的意识和行为，终于被抛弃了。

同样一种偏好，在平常百姓可能一点不起眼，而在领袖，则可能蕴涵了丰富的信息和深厚的力量。

4. 如何发生效应

可以为"领袖偏好效应"建立起一个一般的（即都适用的）模型。特定的时间、空间环境（或者说社会特定的政治、经济、文化条件）是这个模型的大背景，是这个模型具有活力的生命源头。在这个模型中，有主体，有客体，有媒体。主体就是偏好的载体，就是这个偏好的主人，这个偏好的发出者；客体就是效应的载体，就是这个偏好的接受者，就是这个效应的发出者；媒体就是主体和客体之间的中介，偏好即通过它由主体作用于客体。

如何发生效应？就是看主体、客体、媒体在一个特定的背景中如何碰撞，如何建立起联络。

从主体看，它可以是有意识的，也可以是无意识的。本章题例中，齐桓公喜欢服紫时造成的效应，是无意识的；他说不喜欢紫色时造成的效应，就是有意识的了。

从客体看，可以是因为主体的权力而发生效应，也可以是因为主体的魅力而发生效应。

卡特当美国总统时，衣着随便。里根入主白宫后，一改卡特的习惯，对全美国的风尚产生了重大的影响。传媒为之欢呼：里根夫妇的经典主义的文化修养和衣着，代表了美国传统价值的复兴。

里根任总统期间，几次获得全美最佳服饰奖。这种奖是由美国服装组织评定的，条件是在任何场合衣着讲究、整洁、美观、大方，式样、色彩与身高、体型协调，既显得潇洒庄重，又风度不凡，领导时装的新潮流，至于衣料质地则无关紧要。里根的讲究衣着，使美国在 20 世纪 70 年代一直不景气的男装也重获生机，销售量突飞猛进。

里根夫人南希也是几次被评为全美十大时髦女性之一。她的衣服式样很流行，一位时装展览的组织者说："里根夫人为时装的款式定了调子，有的妇女只是问，这是南希买的式样吗？"

英国王妃戴安娜怀孕时穿着孕服在电视里露面后，许多并未怀孕的妇女也都穿上了孕服。

里根夫妇、戴安娜在服饰上引起的效应，与"权力效应"不同，是典型的"魅力效应"。因为他们丝毫没有动用权力去强迫别人。

领袖偏好效应发生的流程，一定是先主体，而后通过媒体而达到客体。中国有一首古谣，就非常生动地描绘了这一点：

城中好高髻，
四方高一尺；
城中好广眉，
四方且半额；
城中好大袖，
四方全匹帛。

本章题例也很清楚地记载了这种现象，齐桓公表示不喜欢紫色衣服后，先是宫中没有人再服紫，然后是都城中没有人再服紫，再后是全国都没有人再服紫。

再细致地考察，效应如何发生，有着千差万别的具体情况。这里不再一一列举，而在后面的章节中会专门论述。

5. 如何预计效应

偏好和效应之间，并不是一个简单的一对一的单变量线性关系。在不同的条件下，同样的偏好，可能有的有效应，有的没有效应；在有效应中，效应的方向、数量、范围、速度、力度、跨度等等，也可能有很大的不同，这取决于许许多多复杂而多变的变量的不同数量、不同内涵、不同关系的不同组合。有时，可能是这一些变量发生主导作用；有时，也可能是另一些变量发生主导作用。

在美国1988年总统大选中，民主党的哈特呼声极高，在民主党内一路领先，不料却因为"桃色"（也是一种个人生活偏好）新闻，惨然退出，别说是赢得大选，连党内提名也没有沾上边。而在1992年大选中，最后入主白宫的克林顿，却只是因为"桃色"新闻而在开始的党内角逐中落后于人（不是说"桃色"新闻帮助克林顿击败了对手，而是说，他没有像哈特那样，被"桃色"新闻击败）。对于克林顿的当选，哈特一定要感叹自己的"一样'桃花运'，'官运'却不同"了。

因此，要能很准确地预计到领袖个人生活的某种偏好对于社会的政治、经济、文化等有没有效应，有什么效应，有多大的效应，会是一个十分困难的工作。如果不能说是一个完全不可能办到的工作的话，那只能说是一个大致估计。

2004年美国总统大选中，不知是巧合还是有意安排，寻求连任的小布什和他的挑战者、民主党总统候选人克里，竟然同在 8 月 4 日这一天来到了同一个小城为各自的竞选活动造势。①

他们除了大谈特谈如何振兴美国经济、提高就业率外，不约而同地拿当地盛产的玉米做起了文章，小布什还剥开了一个玉米棒子当众生吃起来。

当地时间 8 月 4 日，小布什和克里"不约而同"地来到了位于密西西比河沿岸的达文波特市小城展开竞选活动。小布什和他的支持者们在达文波特公园举行了露天造势大会，更为"巧合"的是，克里与 200 位美国企业巨头进行高峰会谈的场所竟然离小布什的会场只有三个街区！

小布什在集会上对自己的政绩大加吹嘘，称在他的领导下，过去的一年中美国增加了 150 万个就业机会，其中 1.1 万个在爱荷华州。小布什说，在本届政府的努力下，爱荷华的失业率保持在 4.3% 的低水平。除了经济问题外，小布什列举了他的政府在教育、卫生、农业以及反恐战争方面的成就。

在不远的三个街区以外，民主党总统候选人克里与来自 SUN 公司、美国银行以及高盛公司等 200 多家美国企业的 CEO 们举行了会谈。

针对小布什就业率提高的说法，克里列举了一些数据来进行反驳。他说，在小布什当政的四年中，整个美国的私营企业就有 180 万人失业，其中仅在爱荷华，失业人数就高达 25 万。克里还指出，2001 年 1 月小布什入主白宫时爱荷华的失业率为

---

① 《青年报》2004 年 8 月 6 日。

3%，但到了 2003 年 7 月，失业人数比例上升到了 4.7%。

克里认为，不断增加的医疗费用给美国的企业带来了沉重的负担。如果他当选总统，将改变小布什政府给高收入阶层减税的政策，缓解企业的压力。克里表示，他当选后，每个员工在医疗保险上可以少花费大约 1000 美元。

克里还开玩笑地对不远处的小布什总统发出了"邀请"，他面带微笑地对听众说："我想小布什总统如果愿意拐个弯的话，他可以到我们这儿来，我们可以好好讨论一下美国的未来。"不过，小布什对克里的幽默似乎并不领情，当有记者问到这位总统他的对手正在附近做什么时，小布什很简单地说了两个字："问他！"

除了出席一本正经的集会外，小布什和克里都在想方设法吸引普通选民方面动足了脑筋。有趣的是，这一次他们又想到一起了！由于爱荷华州盛产玉米，产量在美国高居榜首，因此两人都希望赢得当地农场主和玉米销售商的选票，于是都做起了玉米文章。

无论走到哪儿，小布什和克里都努力表明自己对玉米的"热爱"。小布什在经过一个农贸市场的时候买了几根甜玉米。他剥开了玉米棒，当众吃了一口生的玉米，一边吃一边还赞不绝口："不用煮就可以吃了，真甜，真不错！"爱荷华州立大学的农业专家欧文·爱德森说，爱荷华州的农民通常用生玉米喂牲口，但是也有一些人喜欢生吃玉米，因为据说有一股特殊的甜味。

临走的时候，小布什亲自抱着一包玉米棒登上了"空军一号"，在机舱门口，小布什特意拿出一根玉米，朝前来送行的人群频频挥手。

克里也不甘示弱，他和妻子在竞选巴士中向选民挥手致意时，两只手上举的都是玉米棒。一时间，原本普通的爱荷华玉米也成了政治明星，有幸与两位大人物"同台演出"。

难怪小布什和克里都如此青睐爱荷华州，这里向来是民主党和共和党争夺激烈的"战场"之一。2000年的总统大选中，小布什以4144票的微弱差距，在爱荷华输给了当时的民主党总统候选人戈尔。民意调查显示，克里和小布什在该州的支持率旗鼓相当。

达文波特警方称，就在小布什和克里的竞选活动如火如荼举行之时，当地的罪犯趁几乎所有警察都在忙于安全保卫无暇他顾时，一连"光顾"了三家银行。

据美联社报道，第一起针对拉森信用社的抢劫发生在上午10点45分，当时小布什总统刚刚开始他的演讲。第二起发生在11点23分，歹徒武装抢劫了第一国家银行，22分钟以后，东南国家银行也遭到了同样的命运。警方不愿意透露歹徒使用的武器以及被抢走了多少钱。

当地警察局长唐·加诺表示，从警方搜集到的证据来看，这三起武装抢劫银行的案件是有预谋进行的，罪犯之间似乎是有协调地实施了犯罪。他还透露说，目前已经逮捕了一名疑犯，警方正在继续调查，以判断这几起抢劫之间是否存在联系。

唐·加诺承认小布什和克里的竞选活动给当地的警方带来了不小的压力，很多警察都被调派参加两个阵营的安全保卫工作，警力出现了不足。但他辩解说，警方并没有因此减少对城市的巡逻工作，他们派出了加班警员保证街面上的警力。

　　不过，加诺也表示，达文波特以往的银行抢劫案非常少见，平均一年才会发生一到两起，这次在同一天就发生了三起实在罕见。

　　对于"领袖偏好效应"，不承认，是不对的；过分夸大，同样也是不对的。由本章题例，我们可以看到，齐桓公和管仲，对于"领袖偏好效应"，已经有了很自觉地认识和很自如地运用。作为中国人，我们都会为此感到自豪。如果要追溯关于"领袖偏好效应"的研究与操作的源头的话，应该推我们的齐桓公和管仲（也不要忘了记载这一史实的韩非子）为鼻祖了。

我觉得，我好像成了一种公有财产。

——美国第一夫人　杰奎琳·肯尼迪

领导人生活在一个政治鱼缸里。

——美国总统　尼克松

我对在显微镜下生活感到恼怒，期望过一种不受他人干扰的较为隐秘的生活。

——美国第一夫人　南希·里根

第2章
领袖偏好的隐私与透明

一、透明制度——牺牲隐私权

在现代社会制度中，人民要求领袖必须牺牲一部分隐私权。作为领袖，对于这一点，心甘情愿也好，无可奈何也好，只得承受。成功的领袖，聪明的领袖，会将这一点作为一种机会，主动地加以利用。

1. 必须牺牲

有必要先弄清楚个人生活偏好和隐私的关系。个人生活，也可以称之为私生活，个人生活偏好，也就是私生活偏好。但是，私生活并不全部都是隐私。所谓隐私，最通俗讲，就是私人的秘密。私生活中，一部分是隐蔽的，不被外人所知的；另一部分则是公开的，被外人所知的。比如吃饭，若在自己家中进餐，是隐私的私生活；若在餐馆里举行宴会，在公园里野炊，则是公开的私生活。吃什么，怎样吃，在家中是隐私，在餐馆和公园，就不是隐私。再比如住房，私人买下一栋房子，是私生活，内部如何装修，是隐蔽的私生活，外观怎样，则是公开的私生活。但不管是隐蔽的私生活，还是公开的私生活，都是私生活。在现代化社会中，私生活和私有财产一样，受到法律的保护。

私生活不全部是隐私，隐私也不全部是私生活。与私生活相对的，是社会生活。个人参与社会生活，也会有个人的秘密，也就是私人的秘密，也就是隐私。比如美国选民参加总统选举投票，是一种社会生活，但投票给老布什还是投票给克林顿，就是个人的隐私。不管是私生活中的隐私，还是社会生活中的隐私，都是隐私，都具有隐私权，都由法律给予保护。

就领袖的个人生活偏好而言，是私生活偏好而不是社会生活偏好（比如更喜欢哪一种政策）。偏好的一部分是隐私，另一部分不是隐私。对于不是隐私的那一部分偏好，将其透明并不涉及牺牲隐私权的问题；而在这一章所论述的，主要是作为隐私的偏好，也有一部分被透明。

为什么领袖在个人生活偏好上的一部分隐私权，必须做出牺牲呢？

很明显的一个原因就是，某些个人生活偏好是一个人的生理素质、心理素质、学识修养、道德情操等方面的反映。而这些方面对于一个政治家是否能够胜任领袖的职责又是至关重要的。作为选民，当然有权力了解这些情况，从而做出准确的判断，决定自己的选择。比如个人财产、个人病历，对一般人来讲，都是个人隐私。但在现代政治制度之中，领袖却都必须牺牲这些隐私。

在 1988 年的美国总统大选中，共和党候选人老布什和民主党候选人杜卡基斯之间，就展开了一场"病历大战"。双方都以牺牲自己的隐私而向选民证明自己的身体健康。不但都公布了自己的病历，而且都频频向选民展现自己在体育活动（当然属于个人生活）上的偏好。

事情是这样引起来的：有消息说，杜卡基斯至少有两次接受过精神治疗，一次是因为与他感情很亲密的哥哥在 1973 年死于车祸，一次是因为他在 1978 年竞选州长连任的初选中失败。

杜卡基斯立刻出来否认了这些传言，但拒绝公布病历。他颇有不悦地说："我认为，公布一个候选人有生以来的记录是不恰当的。"共和党对此作出反应。老布什公布了自己的病历。当时的总统，也是共和党人的里根，在一次通过电视向全国传播的记者招待会上，在被问到杜卡基斯拒绝公布病历以及选民有没有权利知道候选人的健康状况是否适于执政时，说："我不会选择一位病人。"里根的话立即引起了一阵骚动。过了一会，里根又试图加以搪塞，说："我想，我不应该说我刚才所说的那句话。不过，我认为，人们有权利了解一位总统的病历。这是我个人的经验之谈。"记者问，总统刚才那句话是否基于对杜卡基斯健康状况的了解，里根说："不，我只是想开个玩笑。"

正在科罗拉多州竞选的杜卡基斯一边宽宏大量地说，里根总统无须道歉，因为每个人都有偶尔说漏嘴的时候；一边立即让他的私人医生向报界公布了他的病历。为了证明他的健康，他于清晨四点多钟便走出住所，两手各持一个 4 磅重的哑铃，快步竞走了四千多米。特工、警察、电视摄像组、记者团等，足足有数百人浩浩荡荡地紧跟其后。

在缅因州的老布什闻讯后，马上到附近的一个湖上进行驾驶快艇表演，以高达 40 英里的时速在湖面上疾驶，时而还来个急转弯。他向报界说，他每周进行三到四次跑步锻炼，每次跑 2 英里，还打网球和做掷球游戏，如果天气不好，他就在室内骑自行车。老布什还对记者说，他的健康归功于三个因素："不要吃得太多；不要喝得太多；要锻炼。"他早上 6 点钟醒来后饮一杯咖啡，接着吃一片水果，他说他没有听从医生要他吃一些更有实质内容的早餐的劝告，只是在周末时，早餐偶尔吃"两个荷包蛋和几片火腿"。在旅行时，他常常把酸奶同葡萄干、柚子等混起来吃。在办公室，早上十点以后不再喝咖啡，吃一顿简单的中餐，晚餐也实行控制，使他六英尺二英寸身高的体重保持在 195 磅左右。老布什说："我体重超过 200 磅时，一跑步就立即能感到有区别。"

与杜卡基斯比，老布什就牺牲了更多的隐私，透明了更多的个人生活偏好。结果是，老布什赢得了那次大选。四年以后（1992 年），更年轻健康更富有青春活力的民主党人克林顿（大选期间，电视上经常见到他跑步的镜头）又击败了健康已不如从前的老布什（大选前不久，老布什在日本的国宴上晕倒，全美国都从电视上目睹了这一情景）。

2. 承受牺牲

领袖牺牲自己个人生活偏好上的一部分隐私权，原因之一是基于选民的政治权力（比如在上一节所分析的）；原因之二是基于民众（不仅是选民）的文化心理（比如崇尚的心理、猎奇的心理等）。对前一种原因造成的牺牲，是一个"必须"的问题；而对后一种原因造成的牺牲，则是一个"承受"的问题。因为它既不满足"必须"的条件，又实在不可避免，只有承受得住，才能继续做领袖；如果承受不住，早点自己下台算了（现在世界上还找不到一个这样的例子）。

领袖的周围，总聚集了大量的记者，除了那些专门刺探隐私的小报的二三流、四五流记者外，大部分记者都是为了向公众报道领袖的社会生活的。但即使是后一类记者，也免不了会经常地报道一些领袖个人生活偏好的隐私。首先是因为，长时间地盯着领袖的一言一行、一举一动，不可能将领袖作为领袖的社会生活和作为人的私人生活完全截然划开，有时候自觉或不自觉地会发生混淆；其次，作为领袖的社会生活，并不总是具有新闻价值，使得记者的"生花妙笔"无用武之地，相比之下，某些个人生活偏好的隐私，却是可以大大地"炒"上一番；最后，如果只是报道领袖的社会生活，往往是干巴巴的，比较枯燥乏味，提不起公众的兴趣，难以引起公众的注意，但如果在其中顺带一点关于领袖偏好的隐私的描写，情况就大不一样了，就好像做菜时加的"味精"。

在一篇关于德国总理施罗德夫妇访问英国的报道中，描述两国领导人及其夫人装束的文字就占了大量的篇幅："布莱尔上身穿了件鲜艳的红色衬衫，下面是条亮晶晶的裤子，脚穿一双油光锃亮的黑色休闲鞋，整个人看上去至少年轻了十岁。布莱尔夫人切丽则套了件宽松式长大衣，显得轻松惬意，与丈夫的休闲风格相映成趣。在布莱尔夫妇的'亮丽'映衬下，施罗德两口子显得有些黯淡无光。"

自从 1988 年 9 月 17 日，87 岁的日本裕仁天皇吐血病情恶化，到他于 1989 年 1 月 7 日死去，在这几个月里，日本皇宫的前院挤满了大约五十多辆电视、电台转播车以及机动发电机。皇宫的官员抱怨说，拥挤在院内的各种车辆排出的废气将花园里的杜鹃花都熏死了，而皇宫新闻厅内的香烟烟雾是那样的浓，以致他们不得不新增加 3 个空气净化器。一千多名记者不顾蚊虫叮咬、风吹雨打，在皇宫外面安营扎寨，等待着一件非常重要又十分简单的事情发生：裕仁天皇去世。

有人说，还很少出现新闻媒体出动这么多人马，花费这么多时间，而只报道这么一点点消息的情况。虽然就采访的目的而言，消息是那么简单。但在这几个月的时间里，记者们也不能都闲着，有关皇室的其他消息，包括皇宫成员的个人生活偏好的消息，发出了不少。

1987 年 6 月 8 日至 10 日，西方七国首脑会议在意大利威尼斯的圣·乔尔乔岛举行。前往采访的记者达 2300 名，平均每位首脑可摊到 300 多名记者。为满足记者采访的需要，东道国在岛上专门设立了新闻中心，配备了大量的电脑、电传，新铺设了海底电缆。仅新闻通讯设备的费用，就耗去了东道国 15 亿里拉（约合 100 多万美元）；而且，记者的食品、饮料也要由东道国免费供应。记者们每天要吃掉 8000 公斤食品，喝掉 4000 瓶酒。一次午餐，他们要吃掉 350 公斤肉、150 只鸡、100 公斤大米和 1000 公斤水果。吃饱喝足之后，他们不仅报道会谈内的情况，也报道会谈外的情况。比如：七国首脑进行第二次工作晚餐之前，日本首相中曾根和美国国务卿舒尔茨聊的是高尔夫球，国务卿对首相吹牛，打高尔夫球，他可以让出 13 分，他希望下次访问日本时与首相一决高下。坐在餐桌旁的法国总统密特朗和欧洲共同体主席维尔弗里德·梅尔藤斯之间，谈的则是哲学、艺术。

英国王储查尔斯和平民姑娘戴安娜结婚后，一直是新闻界追踪的焦点。婚后没过多少年，传媒就有关于他们已感情破裂的大量报道：戴安娜已由淳朴害羞的灰姑娘变成了自我陶醉的时装狂，每年花在购置时装上的钱就达几十万美元；王子怕老婆，王妃迫使丈夫断绝了与老朋友们的来往，迫使丈夫放弃了钓鱼、打猎等娱乐，使得王子变得愈来愈怪僻，愈来愈懦弱，变成了一个行为古怪的人，整日热衷于园艺和唯灵论；在高悬着他们结婚照片的宫殿里，王妃伴着流行音乐跳舞，而王储却坐在角落里望着一艘古老帆船的模型喟叹着父辈们的精神……更有甚者，王储与他的情妇在电话里谈情说爱被窃听，录音公布于众，引起轩然大波，使当事人十分难堪。如此牺牲个人生活偏好的隐私权，只有承受、接受、忍受。

1992 年 12 月 9 日，英国首相梅杰在议会宣读了白金汉宫的声明：英国王储查尔斯和王妃戴安娜决定分居，但没有离婚计划。梅杰在宣读声明后说，王位的继承不受分居决定的影响，戴安娜日后理应成为王后。

1995 年 12 月 20 日，女王伊丽莎白二世以君主政体和两位小王子的名义要求王储夫妇尽快离婚。1996 年 8 月，戴安娜与查尔斯正式离婚，但仍保留王妃的头衔。不幸的是，一年之后，戴安娜王妃在巴黎因车祸猝逝。

3. 主动牺牲

如果说，领袖个人生活偏好的隐私权开始被动地牺牲是社会政治进步的一个标志（这种牺牲只有在自由民主制度中才能完全实现。在这种制度中，人民的隐私权得到充分的尊重充分的保护，而领袖的隐私权却必须做出牺牲。这与非现代化的社会制度中的情形刚好是截然相反的，在这种陈旧的社会制度中，人民不存在有隐私权，一切受到统治者的监视和控制，而领袖则具有超常的隐私权，一切都不受到人民的检查，可以为所欲为）的话，那么，领袖个人生活偏好的隐私权开始主动地牺牲，也是社会政治进步的一个标志。被动牺牲和主动牺牲相结合，就使人民对于领袖的了解更直接、更具体、更快捷、更方便、更全面、更准确。

领袖为什么会主动地牺牲自己个人生活偏好的隐私权呢？这是因为：

第一，由前面分析过的两个原因造成的被动牺牲都是不可避免的，与其让别人做，不如由自己来，变被动为主动；

第二，在某些情况下，透明自己的个人生活偏好隐私，不但不是坏事，反而是好事，有利于树立自己的形象，有利于赢得选民的好感，有利于推进自己的事业（前面讲到的老布什与杜卡基斯公布隐私的大战，就是一个例子。在后面的"以偏好塑造领袖形象"一章中，还会见到更多的例子，做更专门的深入分析），如此好事，何乐而不为呢。只有傻瓜才会放弃这个机会。

领袖主动牺牲个人生活偏好的一部分隐私权，主要通过这样几种方式：

一是发言人制度。美国从麦金利总统的助理科特柳开始，逐步形成了正式的白宫新闻发言人的制度。在此之前，记者们是借助偶然的机会，猫抓老鼠似地凭运气逮住某个政府官员与之非正式地交流而得到消息。科特柳改为定期举行记者招待会，由他主动地为记者们提供各种有关政府的消息。除此之外，他还巧妙地穿插一些有关总统的个人生活偏好的趣闻轶事。这使得记者们狂喜不已，都抢着报道。由此，这种做法一直流传至今。

二是通过家人和亲近部属向外透露。英国首相撒切尔夫人的女儿就写过很多文章发表，向人们介绍她母亲的个人生活偏好：不忌讳喝掺了苏打水的威士忌，但不能斟得太满；特别爱喝矿泉水；不吸烟；特别爱吃巧克力，一个人甚至能够把刚刚打开的一大盒巧克力全部吃光；用自己到过的国家、城市、组织的名称来给自己的衣服命名，比如曾穿着某件衣服出席过北大西洋公约组织的会议，于是这件衣服便得名"北大西洋公约组织"。

三是亲自出马，讲出写出自己的个人生活偏好隐私。

二、透明亮度——大与小

完全不被自己以外的第二个人（或者稍稍放松一点，自己小家庭以外的其他人。因为个人生活的最基本社会单元还是家庭）所知的个人生活偏好，就是最严格意义上的不透明。

被自己或自己小家庭以外的人所知，就是透明了。但透明有个亮度的区别，也就是透明的空间距离和空间范围。可以将透明亮度分为两个级别，透明亮度 A 级，就是透明至大社会；透明亮度 B 级，就是只透明至领袖身边的小圈子。

1. 亮度 A 级：大社会

现代意义的领袖个人生活偏好透明，是指透明 A 级的透明，因为只有这样才能满足全体选民了解、监督领袖的政治权力要求，以及全体人民认同领袖或是排斥领袖的社会心理要求。

要使亮度达到 A 级，最好的手段就是利用大众传媒（电台、电视、报纸、杂志、书籍等），这样就使透明的覆盖率达到最大。

决定透明亮度大小的，不是被透明的领袖偏好本身（诸如是否具有"爆炸性"、是否引人注目等），而是透明领袖偏好的媒体（或者说方法、手段、技术等）是否具有较强的传导性。某些媒体可能是绝缘体，不具有传导性和透光性；某些媒体则可能传导性弱，透光性差；而大众传媒才有最强的传导性，最好的透光性，最大的穿透力（当然在大众传媒之中，各种不同的媒体又会有所差别）。

1987 年 6 月 3 日，白宫发布消息说，一张特大号床已从葡萄牙的里斯本空运到意大利的威尼斯，等待当天晚上里根夫妇的到来。里根赴威尼斯，是为了参加西方七国首脑会议。新闻秘书说，供里根夫妇下榻的孔杜梅尔别墅里原有的床，不知道大小是否合适以及是否坚固，而里根夫妇喜欢睡在一张特大号的床上。现在从里斯本空运去的特大号床，是里根夫妇 1985 年访问葡萄牙时，专门为他们定做的。

里根总统的双耳都需要使用助听器。1987 年 12 月 30 日，白宫发言人宣布，里根总统将更换使用一种效果更好的高性能助听器，这种助听器使总统在打电话时也不必连接扩大器就能听到清晰的声音。

大亮度的领袖个人生活偏好透明，使人民可以直接地了解领袖的私生活是否有违法律、有违道德、有违礼仪，是否与其领袖的身价相符，从而做出判断，做出反应，这就构成了一种强有力的反馈，时刻提醒着领袖约束自己的行为。中国古文化传统中个人修养的最高完美境界是"慎独"，即一人独处时也能保持尽善尽美，而不需要外界的督促和压力。这当然是好，但能达到这一步的人不多，包括领袖，更有实际社会效果的还是人民的监督。

里根当选美国总统后一年多，有消息说，第一夫人南希经常借穿借戴昂贵的时装和首饰，而没有按照联邦法律的要求申报贷款。洛杉矶詹姆斯·加拉诺斯时装公司的一位设计师说，南希从他那里"借"走了许多定做的套装，这家公司的另一名雇员说，南希一般不为服装付钱，只有在需要改动时才送回来。哈里·温斯顿珠宝店的一位经理透露，南希偶尔向他借一些珠宝，包括一副她只有出国时才佩戴的价值 80 万美元的钻石耳环。对于这种报道，里根总统深表不安，南希则立刻公开许下诺言，不再非法地借穿时装和借戴珠宝（专制制度中的皇帝，倒是从来不会犯下这种错误，因为他们从来不"借"什么别人的东西，除了可能向其他国家借款、借军火、借士兵以外。国内的一切东西，特别是最好的东西，

被他们看上了的东西，再珍奇、再贵重，拿来就是，本身就
是皇帝的，何从谈"借"，下边的人上贡还上不及，何从谈
因为皇帝占去了而不满）。

2. 亮度 B 级：小圈子

除开小家庭的成员外，小圈子多半由亲朋好友、心腹近
臣以及其他一些要直接打交道的工作人员（如秘书、医生、
护士、卫士、翻译、厨师等）所组成。一般来讲，领袖个人
生活偏好在小圈子内的透明，不管在什么时代，不管在什么
制度中，都是存在的。比如专制制度中的帝王，他的个人生
活偏好，对于宦臣、宫女、朝臣等，也是透明的。这种只在
小圈子内透明，而不在大社会里透明，对于社会而言，也就
是不透明。这是因为，特定的社会制度决定了这个小圈子的
成员都是绝缘体。小圈子的成员也可能再将自己的所见所闻
扩散到自己的小圈子之中，便毕竟空间距离和空间范围都
有限。

透明的亮度问题，其实也还隐含了一个透明的速度问题。
大亮度的透明，直接透明至大社会，显然速度很快。而小亮
度的透明，只透明于小圈子，如果这个小圈子里的所有成员
全部都是绝对的绝缘体，那么透明到大社会的速度就是零；
如果有部分或者是所有成员，不是完全的绝缘体，传导给了
自己的小圈子，一级一级的小圈子套下去，也有可能透明至
大社会，撇开这种透明方式的信度问题，只看其速度，也是
非常非常不能适于现代化社会制度的。

很容易发生的一种情况是，当社会某种条件出现变化以

后，原来的"绝缘体"变成了"超导体"，使某个领袖的个人生活偏好的透明亮度由 B 级提高到了 A 级。比如 1978 年以后，由原身边工作人员亲自撰写或提供素材的文章、书籍的大量公开发表，使原来被"神化"的领导人"走下神坛"。

三、透明信度——真与假

已经透明出来的领袖个人生活偏好，不一定都是完全真实的。这就提出了一个透明的信度问题。我们也将透明信度分为两个级别。透明信度 A 级，就是透明完全真实；透明信度 B 级，就是透明中有虚假成分甚至完全虚伪。

1. 信度 A 级：真实

对于人民而言，了解领袖的个人生活偏好，当然要求透明出来的东西全部是真实的可信的。怎样才能判断所接受到的关于某个领袖的某种个人生活偏好的信息是真实的呢？

一是看这个领袖过去表现出来的信誉。

二是看透明这个偏好的媒体过去表现出来的信誉。

三是求证于其他媒体。

如果这个领袖、这个媒体过去的信誉都很高，而且还能得到其他消息来源的支持，那么，一般来说，可以认为是信度 A 级。

透明出来的领袖偏好，对于这个领袖形象的作用，大致可以分为三种情况：有利；有害；无利无害。

就总的效果而言，有时候一种偏好透明出来，可能既有有利的影响也有有害的影响，那就看利害相抵，是利大还是害大，或者是两者持平。关于这一些，我们在以后的章节中会专门谈到。这里提出来这一点，是在判断偏好透明信度时，还可以有这样的几个原则：

由领袖自己或他的朋友们透明出来的无利于他自己的偏好，多半是真实的，可以相信；而他们透明出来的有利于他自己的偏好，则需要求证。

由领袖的政敌透明出来的无害于这个领袖的偏好，多半也是真实的，可以相信；而他们透明出来的有害于领袖的偏好，则需要求证。

不管由谁透明出来的领袖偏好，如果很明显地具有不可能做假，不必要做假（对谁也没有好处，对谁也没有坏处）的性质，那多半就可认定是信度 A 级。

2. 信度 B 级：虚假

造成透明虚假的原因，无非是三种：

一是领袖本人或他的拥戴者有意地拔高（编造有利于这个领袖的生活偏好）；

二是这个领袖的反对派有意地贬低（编造有害于这个领袖的生活偏好）；

三是透明过程因为技术性的原因（比如前面讲到过的一级一级的小圈子套下去。现代科学实验已经证明，信息传递过程越长，中间环节越多，信息的失真会越严重）无意地造成透明的变形，变形的结果与最初的信息相比，对于领袖而言（以反对派的标准就是正相反），可能更好，也可能更坏，也可能与原来一样。

法国皇帝拿破仑一世通常每天晚上九点上床睡觉，凌晨零点三十分起床，工作到清晨三点，再睡到早晨五点。这样每天睡五个多小时，应该说已经是比较少的了。但拿破仑为了强化自己的传奇色彩，总想让人相信他睡觉的时间还要少。为此，他总是让办公室的灯亮着，自己却躲进旁边的另一个房间睡觉。

让别人以为自己睡觉时间比平常人少甚至完全不睡觉，是很多个领袖（或是他们身边的拍马屁者）用过的手法。像拿破仑一样，联邦德国总理阿登纳也总是掩饰他自己的睡眠。他每天必睡午觉，但却从来不承认这一点，要是有人问他午觉睡得怎么样，他总是赶紧回答："我没有睡觉，我太忙。"

我在读博士时的一个同学，就上了这个当。为了学伟人的样，另外也确实是想多挤点时间做学问，总是拼命地压缩自己的睡眠时间，结果经常被我发现他坐在书桌旁打瞌睡，我总是笑他说："你躺着睡觉的时间少，但你坐着睡觉的时间是太多了。"

事实上，人要每天睡觉，而且要睡够，这是生命运动不可缺少的一个环节，否则就会危及健康甚至失去生命。在一个短时期内，连续几天不睡够或者根本不睡，是可以挺过去的，但如果长期这样，就根本不可能有健康的身体、充沛的精力和敏捷的思维，这是科学的简单常识。当然，为了恢复一天的体力脑力消耗，各人需要的睡眠时间存在着差别，有人要睡多一点，有人只要睡少一点；各人偏好的睡眠时间也不同，有人是早睡早起，有人是晚睡晚起。这些个体差异取决于很多因素，睡多睡少，主要与每个人不同的体质和营养等有关；睡早睡晚则主要与每个人长期的习惯形成的体内生物钟节律有关，一点都不值得大惊小怪。在这一点上骗人和被人骗，实在是一种非常低劣的事情。

不否认某些领袖可能因为公务而牺牲自己的睡眠，对于这种情况，需要问的是，休息不够的大脑影不影响判断力？如果不影响，那就说明睡眠已经够了；如果影响，岂不有碍公务（从而可能损害民众的利益）？还要问的是，为什么不放权？

 ## 四、透明限度——保留隐私权

领袖个人生活偏好全部透明，在理论上说不通；在实际生活中也行不通。也就是说，领袖在个人生活偏好上，虽然比平民百姓的隐私权小了一些（限于现代化社会制度之中），但仍然还是应该保留一部分隐私权，事实上也确实还保留着一部分隐私权。

从领袖来讲，当然希望保留的隐私权越大越好。所以他们才会有本章题例中的那些抱怨。

从民众来讲，当然希望透明得越多越好（也就是领袖的隐私权越小越好）。有一种观点甚至认为领袖完全不应该有隐私。

两种对立的要求，必然会有一个妥协的中点。在实际生活中，这个妥协点是通过双方力量的冲突、碰撞而在动荡中达到的。

能不能在理论上建立一个找到这个妥协点的模型呢？我

想应该是能够的。虽然开始的时候可能会很幼稚。

这里提出一点初步的想法。

总的构想就是运用经济学中的成本收益比较方法。

首先定性地分析由于领袖的某种生活偏好是隐私还是透明会给领袖或社会带来什么成本或收益；

然后对之进行定量分析；

最后由成本收益的比较决定保留隐私权的大小或者说是透明的限度。

领袖的成本与收益比较的结果，社会的成本与收益比较的结果，加上两者综合比较的结果，可能出现的排列组合会有很多种。其中最具有意义的结果是：

当透明对于社会无收益时，领袖可以保留隐私权（但不是一定保留，因为这个偏好的透明可能对领袖有收益）；

当透明对于社会无收益，对于领袖又是成本大于收益时，则必须保留领袖在这一偏好上的隐私权。这就是最基本的，不可再逾越的限度。超过这个限度，领袖就可以像平常老百姓一样诉诸法律来保护自己。

孙中山先生不喜欢服用中药。一次病重，医生劝服人参汤，先生大怒。经孙夫人劝慰及医生不再坚持，先生方才平静。但先生病情又确实需要服用人参汤，万般无奈，孙夫人告诉医生，将人参汤当做茶水递给先生，先生没有详问，一饮而尽。

第3章
领袖偏好的表现与实现

　　偏好是一个人内在的心理模式。这种内在的心理模式是否外在地流露出来，就是偏好是否表现的问题。偏好的表现与偏好的透明不是一回事。偏好的透明是指领袖的偏好是否被外人特别是社会所知，而偏好的表现则是指领袖某种偏好是否由内在转换成外在。

　　偏好能不能够得到满足，就是偏好的实现问题。

　　从偏好表现、实现的过程来看，可以将它们划分为偏好的自我表现、自我实现以及偏好的非自我表现、非自我实现。

　　从偏好表现、实现的结果来看，可以将它们划分为偏好的完全表现、完全实现以及偏好的不完全表现、不完全实现。

一、自我表现与实现

　　某种领袖个人生活偏好只需要通过本人的语言、动作、神态、修饰等就可以流露出来并得到满足，这就是偏好的自我表现与自我实现。

1. 语言

语言有讲话和书写两种形式（经常还可以见到"肢体语言"、"枪炮语言"等，已经是语言的引申意义了）。

同古罗马统治者凯撒一样，法国总统戴高乐在谈到、写到自己时，总喜欢用第三人称。经常可以听到或者读到由戴高乐的口中或者笔下出现的诸如："求助于戴高乐的愿望日益强烈"、"必须以'是'来答复戴高乐"、"除戴高乐之外无人可以选择"之类的句子。有一次，一位记者要求戴高乐解释他的这种习惯。戴高乐回答说，用第三人称有时候是出于谈话或写作风格的考虑；但更主要的原因，是"我发现在别人心目中有个叫戴高乐的人，这个人实际上是我以外的另一个人。"

美国总统杜鲁门爱讲粗话，即使在总统任上的公开场合，也会情不自禁地胡乱骂人，什么污言秽语都敢用。最著名的是他为女儿的艺术才能辩护而对一位批评他女儿的音乐评论家的咒骂，引起舆论强烈反对。杜鲁门的女儿生下一个男孩后，当了外祖父的杜鲁门高兴得不得了，对他女儿说："等他长大了，让我来教他讲话。"他女儿一听，瞪大了双眼，连声说道："不！不！"

2. 动作

美国总统肯尼迪有个习惯，在他回答问题或就某一症结问题谈出他的看法之前，总是将头往后仰着，眼睛探索似地凝视着天花板，接着，他就又笔直地盯着对话者，迅速、明确、低声地讲出自己的意见。

肯尼迪的继任者林登·约翰逊走路总是快步，被人称为"约翰逊式的小跑步"。

希特勒笑的时候，总要用手遮住嘴，这是因为他的牙不太雅观。希特勒的小手指还另有专用，每当他感到烦躁不安时，他就像一个小孩似地舔小指头。

2007 年 5 月 26 日，法国新总统萨科齐在法南部的博尔姆莱米莫萨慢跑。法国著名田径教练朗夫尔当天发表文章批评萨科齐的跑步姿势，他说萨科齐慢跑时身躯前倾过度，步伐散乱，两臂乱摆，这样不但耗费过多的能量，还可能引发背痛。作为法国新任总统，当选前后，尼古拉·萨科齐的一举一动都受到法国人和外国人的关注，就连他的跑步姿势都成为人们议论的对象，甚至"上纲上线"到政治的高度。①

美国《华盛顿邮报》7 日报道说，法国人对萨科齐的跑步姿势一批再批，法国左翼报纸《解放报》指出，萨科齐的慢跑锻炼法不是法国式，而是右翼人士的行为。

朗夫尔批评后，一些相关专家也纷纷批评萨科齐跑步姿势不佳，有损形象，而且那样的姿势无助于减肥。

法国智囊级人物阿兰·芬基尔克罗在法国电视 2 台播出的节目中甚至建议，萨科齐应该放弃他那"有损尊严"的慢跑。

芬基尔克罗在节目中暗示，作为一个国家的领导人，露出膝盖是不雅的事，法国前总统弗朗索瓦·密特朗就从不这

---

① Http：//www.chinadaily.com.cn/hqbl/2007 - 07/09/content_5435858.htm.

样。他建议萨科齐散步，因为大思想家苏格拉底就常一边散步一边思考。

"西方文明在散步中产生"，芬基尔克罗说，"散步是敏感的、精神上的行为，慢跑则是对身体的掌控。慢跑者说身体在控制之中，但那与思想无关"。

法国人对萨科齐跑步姿势的批评浪潮引起英国媒体注意。英国媒体评论说，法国对萨科齐跑步姿势"小题大做"反映了法国人的价值观。

英国《泰晤士报》记者查尔斯·布雷姆纳在文章中说，法国人认为跑步是美国式以自我为中心的个人主义行为，法国知识分子总是对运动抱有轻蔑态度，而他们的领导人却积极锻炼身体，这让他们无法忍受。

英国议员鲍里斯·约翰逊在《每日电讯报》上撰文说："萨科齐的批评者说，他跑步是悲哀地模仿美国总统的行为，是对《美国的挑战》一书的模仿，是好莱坞电影流入法国的后果。"

一些保守的英国人也对邻国总统跑步的习惯态度消极。名叫伊恩·莫里松的网友在《每日电讯报》网站上留言说："得体的保守者不会想要跑步，那是一个庸俗的、非传统的自我宣传方式。"

52岁的萨科齐喜爱慢跑，他常年保持慢跑锻炼。他每次跑步时，总要穿着那件他最喜欢的印有"NYPD"字样的T恤衫。

萨科齐曾和总理弗朗索瓦·菲永一起跑步。有人甚至看见，他在担任法国财政部长期间，到美国参加世界银行和国际货币基金组织的会议时，也不忘抓紧时间锻炼身体。

"我不会因有人指责慢跑是右翼行为而受到阻拦"，英国议员约翰逊说，"每天早上强迫自己去跑步是一种保守主义的做法。人们需要精神上的努力来克服懒惰"。

3. 神态

肯尼迪的前任艾森豪威尔喜欢笑。他的微笑很出名，曾被各种各样美妙的词语形容过：特别的、孩子气的、热烈的、生动的、热情的、迷人的、跳跃的、可爱的、有感染力的、自然而不费力的、好似一百瓦特的……。在他任总统之前，就有朋友对他说过："凭着你的微笑，你准会当上总统。"

以爱笑而出名的领袖人物，还真不少。比如美国总统卡特，美国第一夫人南希·里根，丹麦女王玛格丽特二世。

先后担任过日本首相的一对亲兄弟——岸信介和佐藤——却都是以爱哭而闻名于世。两人动不动就要以泪洗面，以泪代言。

4. 修饰

希特勒的鼻子大而粗糙，看上去令人很不舒服。他那具有特征的胡子正好转移人们在看他时的视线焦点。

以色列总理梅厄夫人总喜欢留长发，并且将长发盘在脑后。她说，这是因为她的丈夫和她的儿子喜欢她的这种发式。

二、非自我表现与实现

除了领袖自己以外，还需要借助于其他的人、其他的物，才能使领袖的偏好得到流露，特别是得到满足，这就是领袖偏好的非自我表现与非自我实现。它分为两种情况，一是参与物仅仅作为道具，不需要作出反应；二是参与物不是作为道具，而是作为演员（当然是配角），要与主角（领袖）有交流，需要作出反应。

1. 借助道具

没有特定的道具，领袖的某种偏好就不能得以表现和实现。

列宁在谈话或思考问题时，总爱将双手的大拇指由腋下处插入西服背心。假如不穿这种西服背心，这种偏好就无从表现，更无从实现。

冰岛的传统礼仪要求，在国家元首出席正式宴会的时候，元首的配偶必须坐在长桌的对面。但冰岛女总统维格迪丝没有配偶，因而她总是用一张圆桌来举行宴会。

丹麦女王玛格丽特二世两手细长，右手好动，以驱散抽烟时吐出的烟雾。左手则静静地放在裙子上，以便让人欣赏手上那枚订婚戒指。

英国女王伊丽莎白二世经常吩咐仆人在白金汉宫花园的池塘边点灯捕捉飞蛾，她从中选些较少见的品种制成标本加以收藏。

她的长子查尔斯王储则专爱收藏古老的陶瓷马桶。

王妃戴安娜认为青蛙是一种非常可爱的小动物，加以收藏。但她从不要真正的青蛙，而是要用上等陶瓷或是黄金制成的工艺品青蛙。

法国总统蓬皮杜喜欢抽象派艺术，他就任法国总理时，首先让人取走前任们在办公室的遗留物，而让挂上自己带来的几幅抽象派油画。工作人员见了，目瞪口呆，请示："这些画怎么挂，哪一边朝上？"其中一幅是深浅不同的灰色粗线条，鉴赏者说是贝奥西人在拆房子，具有节日气氛；一幅是白色、灰色和褐色为底，再溅上绿色；一幅是三个橙黄色的糊蒙蒙形状。蓬皮杜说："卸任以后，我在这里留下的东西可能就是这几幅画。"而有人对抽象派艺术闯入富丽堂皇的宫殿，与古色古香的家具为伍，感到十分气愤："他下台之后，首先要清除的就是这些乱七八糟的东西。"

　　苏联领导人勃列日涅夫喜欢自己开快车。1973 年访问美国的时候，在戴维营，美国总统尼克松送他一辆豪华轿车作为纪念他这次访问的正式礼物。勃列日涅夫一定要当场就过过瘾。他跳进汽车，坐在驾驶座上，并示意尼克松也上车来。他加大油门，沿着戴维营周围一条狭窄的道路疾驰。吓得尼克松心惊肉跳，生怕特工机关或海军的吉普车突然驶上这条单行道。在这条道上，有一段极为陡峭的斜坡，在斜坡顶端竖着一块"弯道危险慢行"的标志牌。尼克松平时即使驾驶高尔夫球车下坡时也用刹车，以免在坡底急转弯时一下子冲出公路。但勃列日涅夫驶近这个陡坡时，仍用 50 英里的时速行驶。尼克松凑过去对他说："请减速，请减速！"勃列日涅夫毫不理会。到达坡脚，他嘎的一声来个急刹车，拐了弯。尼克松口头恭维他说："你是个头等驾驶员。我要开这么快的话，根本转不了弯。"据尼克松在后面的回忆录中讲，当时他心里实在是很害怕。

　　服装也是一种重要的道具。美国《外交政策》双月刊2005 年 7/8 月号的一期文章的标题就是，"着装是领导人外交上的犀利武器"。①

2005年早些时候，在作为美国国务卿首次出访欧洲时，昂首阔步进入德国的赖斯的着装引起了人们广泛的评论。她全身上下都是黑色：高筒靴、军大衣式的长外衣和短裙。不久，人们对这则新闻报道作出了强烈反应。一位观察家说："我不记得人们对科林·鲍威尔的着装有过什么评论。"另一位观察家问道："我们真的希望政治家像音乐家和演员一样面对人们的审视吗？"从地缘政治的角度讲，事实是着装确实重要——不仅对于女人来说很重要，对于男人来说也同样重要。领导人必然是他们各自国家的象征，他们的着装有各种各样的巧妙之处，越来越多地形成并且增强全球对其国家的看法，无论这些看法是好是坏。

赖斯可能已经从其上司那里知道了一两件有关着装的象征意义的事。美国总统小布什知道，重要的往往不是一个领导人自己的服装，而是他要求其他领导人在他的地盘上所穿的衣服，这些衣服能够改变力量对比。在佐治亚州举行的八国集团首脑会议上，法国总统希拉克身着一套上衣钉有双排纽扣的套装，系着红色领带，这种穿着似乎过于讲究，因为其他人穿的是牛仔裤和运动衫。正如肯尼思·德雷法克在《国际先驱论坛报》上指出的那样："像其前任一样，小布什试图使世界领导人在举行重要会晤时穿便装。这样做据称是为了使与会者无拘无束，实际上这使得他们很不自在，而且更重要的是，这使得他们处于劣势。通过要求他们更换服装，白宫让外国客人甚至在他们坐下来会谈之前就在接受白宫当

---

① 人民网《国际》外电参考，2005年7月5日。

地的规则。"

政治家们的着装还可以赢得许多同情和人们对他们国家的了解。虽然阿富汗总统卡尔扎伊常常因为他那漂亮的羔羊皮帽和传统的服装而受到称赞，但是他坚持说，他不是为了着装而着装。通过其服装式样——把各个不同的部族标志织到了松垂的披风上，卡尔扎伊正在改变国际上对阿富汗人的看法并加强民族团结感。前古奇集团设计师汤姆·福特2002年曾称卡尔扎伊是"世界上穿着最得当的男子"，这使得阿富汗的这位领导人成了公众注意的中心，从而赢得了国际上对其国家困境的关注。

着装的象征意义渗透到了高水平的外交活动中。事实上，现在，你的地位仿佛不是取决于你坐在哪里，而是取决于你穿的是什么衣裳。

2. 借助配角

参与物的反应如何，积极地影响着领袖的偏好是否得到表现和得到实现。

中国清朝的光绪皇帝对京剧颇下工夫，特别爱打小鼓。有一次，传外差入内廷演戏，光绪鼓瘾大发，走上台，将打鼓的人赶开，自己坐下打了起来。这时一个老旦正在唱"钓金龟"，听到鼓点子的路数忽然变了，侧过脸一看，原来是皇上，吓得忘了词，唱不下去。光绪见到老旦那种窘态，一笑之后，只能扫兴地放下鼓走开。还有一次，一个鼓师在一出戏中本该打"双核桃"鼓点的地方，只打了一个单的，心想没有人会挑的。光绪对太监说，戏台上丢了一个"核桃"。

太监上台遍寻不得，光绪说，是鼓师偷了。太监便向鼓师索要，鼓师这才知道碰上行家里手了。

美国总统艾森豪威尔喜欢画了画送人。1957 年的圣诞节，他送给他的白宫办公厅主任亚当斯的圣诞礼物，是他照亚当斯的一幅照片画的油画。艾森豪威尔送礼物时，带点歉意地说："画得不太好。"对此，亚当斯尽了最大的努力，对总统的礼物表示欣赏。后来，亚当斯在一封给总统的信中说："你给我的那幅画，已经成为我们的传家宝。我夫人说，我长得越来越像它了。"

美国总统林登·约翰逊对凡是愿意用他的名字给自己小孩取名的任何朋友和下属，都要赠送一头他牧场里的牛犊。1964年，他的白宫办公厅主任莫耶斯的第三个小孩出世。约翰逊希望他能取名为"林登·约翰逊·莫耶斯"，并已命令挑选了一头特别漂亮的牛犊，准备送给莫耶斯一家。不料小孩的母亲另有主见，拒绝了约翰逊的命名和牛犊，使约翰逊非常失望。与艾森豪威尔相比，约翰逊这一次也确实是太尴尬了。

三、完全表现与实现

领袖的某种偏好得到直接地、充分地流露和满足，就是偏好的完全表现与完全实现。这种情况，当然是每个领袖所希望、所追求的。

偏好的完全表现与完全实现，既是想要做的就痛痛快快地做，也是不想做的就绝不勉强地做。这就是自己做自己的主人，而不被别人所左右。

　　奥匈帝国皇帝约瑟夫不爱说话，在每周一次礼仪性接见大臣时，通常只说"你好"、"再见"这两个词，接见闪电式地完成。他吃饭同样快速。就是宴请王公贵族，美酒佳肴再丰盛，他也是以极快的动作，十几分钟就吃完。大臣贵妇们平时养尊处优，一次宴会要吃几个小时。在与皇帝同席时却还未曾吃上几口，就见皇帝已放下了刀叉，也只得饿着肚子离去。对此，王公贵族们啧有烦言，但约瑟夫听而不闻，依然故我。

　　美国总统柯立芝的两位前任都是在工作过重的压力下垮掉的，威尔逊在任上中风后瘫痪，哈丁在任上病逝。柯立芝像一个职业拳击选手为一场有奖拳击比赛而锻炼身体一样，要为他的本职工作和身体健康而锻炼。总统的日程安排是：早上7点用早餐，中午1点用午餐，晚上7点用晚餐；早晨和傍晚定时进行体育锻炼，整个下午都休息，不干公务，不允许在午饭后安排活动，要睡午觉，晚上很早就休息，甚至抛下最为重要的社交活动早早回卧室上床睡觉，以便在10点以前就能睡熟。柯立芝的早睡是出了名的，对此人们颇有非议，但总统不为所动。白宫骄傲地宣布，柯立芝在任期内体重增加了8磅。

　　得克萨斯州是美国牛仔的故乡。出身于得州的林登·约翰逊是一个典型的牛仔，急躁、热情、好斗、粗俗、豪犷。但不是每个人都欣赏他那种无拘无束的作风，特别是美国东北部人，对他极为反感。但约翰逊仍然我行我素。他讨厌打高尔夫球和钓鱼，认为节奏太慢。他的娱乐是游泳、狩猎、带客人参观他的大牧场。这些活动都是高速进行的，使人眼花缭乱、头晕脑胀。他有时赤身裸体地在白宫游泳池里游泳；

有时趴在特工人员的肩上对着花坛撒尿，溅得特工满脚是尿；有时坐在马桶上与奉召前来的参议员谈话；有时把衬衫拉得高高地让记者们看他身上动过胆囊手术后留下的疤痕；他不顾什么场合会到处抓痒，大声打嗝。在宴会上他爱从别人的餐盘里随便夹些东西吃；在开会当中他会突然想起要去洗澡，甚至拉着参加会议的人一起去洗。

只为了自己偏好的完全表现与实现，一意孤行，有时候会"后果很严重"。

卫懿公（公元前668～前659年在位）有两个偏好，在历史上很有名，一是好斗牛①，再一是好养鹤②。卫国是春秋时中原北部的一个大国，都城是朝歌（今河南淇县），朝歌曾经是商朝的都城，商纣王死后，周天子把商朝的遗民迁去了宋国，把朝歌封给了卫国，但在卫懿公手里，卫国就由春秋最大的列国，一路没落下去。

曾辅佐明太祖朱元璋平定天下的刘基（1311～1375年，字伯温），著《郁离子》一书，里面讲了许多"人君'不以欲妨民'"的事例与道理。"卫懿公好抵牛"就是其中之一。卫懿公见"抵牛而悦之，禄其牧人如中士"。当时宁子就劝谏他："牛之用在耕不在抵，抵其牛耕必废，耕，国之本也。"卫懿公不听，一时抵牛之风盛，"牛之抵者，贾十倍于耕牛，牧牛者皆释耕而教抵，农官弗能禁。"宁子告诫懿公，长此以往，卫国必有很多"不耕之夫，不织之妇"，并尖锐指出："妖之兴也，人实召之。"

---

① 《郁离子·灵丘丈人》。
② 《史记·卫康叔世家》。

卫懿公的斗牛偏好，效应最直接在经济上，导致斗牛的价格高出耕牛十倍，再导致耕牛缺乏、田地荒芜，这在以农立国时代，必然导致全国的经济、政治、军事的大衰败。

卫懿公的好斗牛，与齐桓公好服紫一比较，卫之昏庸，齐之贤明，高下立见。

大家现在都知道西班牙人好斗牛，不知道是否偷学于卫懿公。但有一点，西班牙人斗牛也斗，耕牛也耕，两不耽误，不像卫懿公，只要斗牛不要耕牛，贻笑大方。

《东周列国志》第二十三回，就是讲"卫懿公好鹤亡国"。

卫懿公爱鹤远近闻名，凡献鹤者必有重赏，于是卫国内外那些趋炎附势的人纷纷向卫懿公献鹤，弄得卫国整个王宫内到处"鹤歌鹤舞"。卫懿公还按"官本位"制，分鹤三六九等，给予相应俸禄。卫懿公要是出游，这些鹤也都像大臣一样分列相随，有卫懿公专门配给的当时"大夫"一级高干才能享用的专车，而百姓的疾苦，卫懿公不闻不问、不管不顾。

有贤臣屡次进谏，卫懿公我行我素。在位第九年，大难终于临头，北狄大举入侵。卫懿公正领"鹤将军"们出游，听消息大吃一惊，忙回都城准备迎敌。可下令集合军队的时候，众人回答："您用您的'鹤将军'出马就一定能打败北狄，何必要我们？"卫懿公大怒："鹤怎么能打仗？"众说："鹤既不能打仗，那就是没用的东西了，主公为什么喜爱它们甚于我们！"

卫懿公此时怔住了，长叹一声："唉！寡人错了！"但悔之晚矣。疏于操练的军队溃不成军，懿公乱军中被砍作肉泥，卫国也被狄人占领（后来齐桓公帮助卫国复国，并立早年从卫国出走的公子毁为卫国国君，也就是后来的卫宣公）。

卫懿公好鹤而荒废政务、开罪百姓，最终导致身亡国破，是中国历史上玩物丧志的一个典型标本。

四、不完全表现与实现

虽然每位领袖都希望、都追求自己的偏好都能够完全的表现并实现，但在实际的生活中，却不可能时时处处事事都能如愿。这就是领袖偏好的不完全表现与不完全实现。有可能是根本就不能够表现和实现；有可能是做出虚假的表现和实现；有可能是不充分地表现和实现（表现和实现之间不同步，即不同程度、不同时间、不同方向）。

1. 不能表现与实现

日本宪法是以"主权在民"和"法律之下人人平等"为前提的。可是，天皇和皇族却置身于这个前提之外。[①]

从身份法来说，就和"国民"不同。天皇、皇太子没有姓，只有裕仁、明仁这样的名字。皇族成年定为18岁（《皇室典范》第22条）。他们的婚姻，要由皇室会议决定（《皇室典范》第10条）。户籍法、居民登记法，对他们均不适用。对皇族的称呼，要使用各种敬语，如对天皇需要用"陛下"这

---

① 牛岛秀彦：《日本新天皇明仁》，南京出版社1989年版。

样的尊称（《皇室典范》第 23 条），对男性皇族，要称"殿下"，对他们的妻子称"妃"，对其他人要称"宫"，等等。

从财产法来说，皇室接受财产或转让财产，必须有国会的决议（日本宪法第 8 条），天皇的生活费用由国家负担（日本宪法第 88 条）。此外，天皇每年还要接受内廷费（皇室经济法第 4 条），接受了内廷费却不缴纳所得税（所得税法第 4 条）。

一般的日本国民，从出生、结婚到死亡，进行户籍登记是必不可少的。没有户口，至少可以说不是"日本人"。可是，天皇和皇族，没有户口，也不进行居民登记，既无选举权，也无被选举权。对政治问题，他们不能发表个人意见。这就是说，他们不能享受宪法第 21 条所保障的"表达自由"。宪法第 22 条规定的"居住、迁移、选择职业、移居国外、脱离国籍等自由"，对他们也不适用。

天皇和皇族，当名誉受到损害时，具有起诉的权利，但又不能"以自己的名义起诉"（刑法第 232 条）。

总之，天皇和皇族不能满足日本人的条件，受到的是"非人"的待遇。尽管非常有钱，可没有纳税的义务。被敬语、尊称包围着，具有国家的最高地位，同时又是活着的神，与庶民隔绝。

皇太子的朋友举出了皇太子在学习院高级班时有以下"11 项苦恼"：

（1）被监禁，也就是得不到自由解放；

（2）独自生活，与至亲骨肉和同等地位的人不能住在一起；

（3）经常处在一种让人观赏的气氛中；

（4）记者经常造他的谣；

（5）必须经常考虑到体面；

（6）接触女性的机会极少；

（7）不能有理想；

（8）由于将来必然要继位，不能跟自己的兄弟姐妹一样将来有自由的保证；相反，受约束的事越来越多；

（9）被尊崇得过高；

（10）随着生活越来越单调，自己将会感到生活枯燥无味；

（11）与朋友和外界的交往受限制。

一次出访，皇太子突然从坐落在海水浴场正中央的粉红色夏威夷皇家饭店失踪了。该不会是发生了拐骗皇太子的事件吧——周围的人们这样猜想。侍从们大惊失色，上下乱成一团。可是，就在失踪一个小时之后，悠然自得、无忧无虑的皇太子被找到了。他被发现的地点，是在从海水浴场的海滩向前走，靠近金刚石河床卡比奥拉尼公园前面的檀香山动物园里。据说发现的时候，皇太子一个人正呆呆地站在猴子和乌龟的围栏前面张望呢。

皇太子在学习院的时候，就曾有过躲开警卫的视线，和同学一起，两个人乘坐电车，到银座体验"庶民滋味"的"前科"。夏威夷的失踪，也许就是出于这种考虑，才摆脱了"五花大绑"似的束缚，在檀香山动物园里，度过了一个短暂的自由自在的时刻吧。

2. 虚假表现与实现

中国古代有两个著名史例，提供了偏好的流露和满足都不真实的样本。在这两个史例中，虚假的偏好表现及实现，都是一种有意识的政治谋略。史实已经证明，这种政治谋略很有效很成功。

　　一个史例是刘备种菜。刘备未成大业前，一段时间暂居曹操处。在这段时间，刘备每天都到住处的后院里种菜。关羽、张飞对此十分不满，责问刘备："哥哥不留心天下大事，而学小人之事，这是为什么？"刘备后来解释："我之所以要种菜，就是想让曹操知道我没有大的志向。"刘备以小事掩大事，欺骗政治敌人。曹操果真被蒙哄过去了。

　　再一个史例是越王勾践的卧薪尝胆。与刘备的小以掩大、欺骗敌人不同，勾践是以苦记耻、激发自己的斗志。春秋时代，越国被吴国打败，越王勾践立志报仇雪恨。为使自己不因贪图安乐而忘记耻辱、丧失斗志，勾践夜间睡在柴草上，并在住处悬挂苦胆，经常尝尝那苦胆的苦味。后来，勾践终于打败了吴国。

3. 表现和实现间不同程度

　　日本首相竹下登，出身于酿酒作坊，爱喝酒，酒量也大，被人称为"酒豪"。任首相后，夫人直子立下了"日本酒喝三壶"的最高限制，并加以严格监视。因此竹下登喝酒的偏好只能得到部分的满足。

4. 表现和实现间不同时间

　　艾森豪威尔喜欢打高尔夫球，入主白宫后，仍然每天都要打，一位议员曾婉转地批评说，应该设置一项基金，以保护松鼠免遭艾森豪威尔打过来的高尔夫球之害。有一次，一位白宫客人注意到总统的左手腕套着一个皮绷带，问他缘由，总统说是轻度的关节炎。客人感到放心了，说："那不要紧，情况并不严重。"可艾森豪威尔却怒气冲冲地喊道："怎么不严重哩！为了它，我不能打高尔夫球了。"关节炎治好之后。他又可以挥舞球杆了，只是时间有一个间隔而已。

5. 表现和实现间不同方向

偏好的表现与实现，有时方向正好是相反的。

克利夫兰入主白宫后，留下了前任的法国厨师。他在给一位朋友的信中诉苦："我必须去吃饭了。然而我想吃腌青鱼、干乳酪和路易斯排骨，而不是这些法国东西。"堂堂美利坚合众国总统，每天三餐都只能咽下自己不喜欢吃的饭菜。是节省，是可怜，还是因为他仰慕法国菜之名而甘愿做出的牺牲，除了他本人，别人无所判断。

劳拉在忍受前任留下的厨师 5 年后，还是决定"换换口味"。

2005 年 2 月，白宫宣布，白宫主厨即将出缺，要征用一名新主厨。据透露，主厨薛伯因为烹调未能抓住第一夫人劳拉的胃，而被炒了鱿鱼。如今御厨一职出缺，全美国的厨师都见猎心喜，纷纷摩拳擦掌，希望能争取这个空缺。①

现任主厨薛伯已在白宫任职 11 年，之前他在西弗吉尼亚州一个度假胜地服务，因厨艺出众而被前第一夫人希拉里挖到白宫。

---

① 《中国时报》2005 年 2 月 6 日。

　　薛伯告诉《纽约时报》，他现在之所以离开，其实是被炒了鱿鱼。因为他未能满足现任第一夫人劳拉"极具风格"的饮食需求。

　　据 BBC 报道，新主厨将由第一夫人劳拉的办公室决定。但办公室主任桑巴洁女士说，白宫不会登广告征人。

　　薛伯的烹调属于现代风格，特长于利用地方特产。白宫所有餐饮都由他负责，包括第一家庭的三餐、第一家庭私人宴客乃至一般的正式宴会到国宴。

　　薛伯透露说，通常他帮布什总统和第一夫人劳拉准备的都是些家常食物，例如汉堡、薯条和烤肉等，他强调，绝对不采用熟食，所有食材都是从基本开始料理，连调味料和醋都自行制作，而且尽可能采用美国农产品。薛伯说，一般在准备国宴时，他会尽量凸显美国料理最佳、最有趣的一面，美国料理受到世界各国的影响，所以他也会根据宾客所来自的国家，呈现该国特有的菜色或烹饪技巧。

政府危机最糟糕的结果是，使我在星期天不能去看足球比赛。

——意大利总理 范范尼

第4章
领袖偏好的特权与异化

在个人生活偏好的流露和满足上，领袖既有平民百姓所没有的欢愉，也有平民百姓所没有的苦衷。领袖特有的权力，使他们的某些偏好比平民百姓更容易流露、更容易得到满足；而领袖特有的责任和义务，又使他们的某些偏好比平民百姓更难以流露、更难以得到满足。更容易，就是特权；更难以，就是异化。

 一、特权

1. 特权的上限与下限

领袖在个人生活偏好的表现和实现上，具有特权。这是事实，虽然有些不被外界知晓，但却是实实在在地存在着、发生着。

法国总统雅克·希拉克为了享受一整夜的美好睡眠，让一架可以容纳 115 名乘客的"空中客车" A－319 总统专机多

飞了2000公里。飞机越过了英国的泽西岛，转而向南往波尔多，之后途经图卢兹和比利牛斯省，最终又飞回了起点巴黎夏尔·戴高乐机场附近。在迂回了2000公里后，总统专机才开始向着它真正的目的地飞行。"总统不希望在深度睡眠时被起飞或者着陆时的颠簸晃醒。"负责运送法国国家首脑的空军中队的一名成员说。

在任何时代、任何社会制度中，领袖个人偏好的特权都是不可避免的（不过存在着一个一般的趋势，即随着时代的进步、社会制度的现代化，领袖偏好的特权趋于递减）。可以提出的问题是，特权应不应该有个限度；如果应该有限度，这个限度如何确定。

可以先从领袖个人生活偏好所享有特权的原因说起。

在专制制度下，政治上经济上的种种因素一方面造成财富极度贫乏，不可能使全体（或者说多数）人民都能享受到比较丰裕的生活；另一方面又造成财富分配的极度不平均，而且全部财富都归君主所有，人民被剥夺后剩下的一点可怜的维持生计的东西，还必须感谢"皇恩浩荡"。因此在这种社会制度下，凡能够想到、能够办到的，领袖都有权力去享受（游山玩水但游不到月球之上玩不到地幔之下，因为有科学技术水平的限制）。

在现代化的社会制度里，专制制度造成的特权因素都不再存在，财富量的较大增长以及财产分配的较为平均，一方面使人民大众的生活水平有比较普遍的提高（现在平民百姓享受的，过去只有帝王才能享受，甚至连帝王也无从享受）；另一方面领袖的特权（以及领袖的全部权力）是由人民给予的，纳税人交的钱，决定领袖能够享受的水平。在这种社会条件下，领袖特权的原因有两点：一是领袖公务的需要；二是对领袖的一种报酬（领袖也是一种职业，通过为公众提供服务而得到自己的收入）。

领袖举行国宴，当然是一种公务，但领袖喜欢吃什么喝什么，却是一种个人生活偏好。国宴当然不能太寒酸，领袖所吃所喝当然也就可能比平常人的便饭要丰盛高级得多。

1969 年 8 月，美国总统尼克松访问罗马尼亚。访问结束尼克松举行答谢宴会时，特地从美国运来高级瓷器、金质餐具以及白衣侍者和空军乐队。尼克松在祝酒时介绍说："我们这次已设法尽量把我们能从美国运来的东西都运到布加勒斯特。座位牌、牛肉是从堪萨斯运来的，豌豆是从加利福尼亚运来的，西红柿是从佛罗里达运来的，棕榈心是从夏威夷运来的，空军乐队也是从威斯巴登运来的。"他还开玩笑说："我们的空军进入罗马尼亚，不是要使华约国家和北约国家发生武装对抗。他们只是乐队，对我们来说，音乐是和平的语言，而不是战争的语言。"

在市场经济中，提供服务获得收入，收入的主要形式是货币。但人们追求的东西并不都是货币所能够交换得到的，对这些追求的满足，经济学理论称之为"精神收入"。领袖所获得的收入中，就有许多是"精神收入"，而特权就是其中的一种。

肯尼迪喜欢度假。和他的所有前任比，肯尼迪度假最多，他每工作 3 天就休息 1 天。戴维营即是度假的一个好去处。戴维营是美国总统的休养地，距华盛顿 113 公里，地处凯托克廷山公园兰领月脉山嘴上。1942 年由罗斯福总统建立，称为"世外桃源"。1945 年由杜鲁门总统正式定为总统休养地。1953 年艾森豪威尔总统以其孙之名改名为"戴维营"。休养地景色优美，设施豪华，四周有高度安全的围栏，不向公众开放。可以说，比戴维营景色更优美、设施更豪华的休养地有的是，能够支付更高费用的大富翁也有的是，但"戴维营"只此一家，别无分店，只有总统才能享用。这就是一种特权。这种特权就使当上总统的人得到一种金钱买不到的心理的满足。

美国总统的特权很多。比如"空军一号"飞机。时刻待命专供总统使用或支配的飞机有3架超豪华的喷气式客机，用作长距离飞行，总统乘用哪一架，哪一架即为"空军一号"。另还有普通客机数架，由总统随意指定，接送客人；直升机4架，用作短距离飞行；特制的运输机1架，专门运送总统的防弹座车。

老布什喜欢驾驶游艇。作为美国总统，他随时可以使用美国海军专为总统备用的2艘超豪华游艇。这是他担任副总统的8年时间里所不能享有的特权。现在他已离开总统职位，又失去了这一特权。

由上面分析的"公务"及"报酬"这两个原因，就可以得到领袖偏好特权的两种下限。

从人民的立场讲，最理想的领袖特权下限是完全没有特权。前面已经说过，这在任何社会制度下都不可能。有特权，但又不能过度。那么就有现实生活中的特权下限。下限之一就是不妨碍公务。当然这就要反对"假公济私"。下限之二就是让领袖得到应该得到的报酬，而不能低到对于优秀的治国人才失去吸引力的程度。

那么上限呢？

上限就是不至于引发民众（或者说是多数选民）的反感。这里的前提条件就是领袖关于个人生活偏好的特权都是由选民授权的，都是透明的，都是可以由人民提出批评的（这些条件在专制制度中都不存在）。对于领袖而言，那些超出了这个上限的某些特权，虽然给他的个人生活带来了舒适，但必然会给他的政治生活带来不舒适。

1988 年 4 月 3 日，星期天。周末到葡萄牙的法鲁度假的成千上万的西班牙人在回国的公路上遇到了交通堵塞，因为这条公路在两国边境的瓜迪亚纳河上没有桥，人们只能驾车乘船渡过。被堵了几个小时的人们突然看到两辆官方小汽车亮着顶灯、风驰电掣般超过堵塞的车队驶到码头前。为首的那辆小车里坐着像大家一样度假归来的西班牙副首相阿方索·格拉，第二辆车内坐着副首相的保镖们。被激怒了的人们一起鸣喇叭以示抗议。为了避免引起骚动，副首相只得折回法鲁。事后还有议员在议会提出质询，为什么阿方索·格拉在交通堵塞的情况下拒绝排队？他们要求副首相作出公开的解释。

说领袖在个人生活偏好上可以有特权，并不是说领袖可以在所有的个人生活偏好上都享有特权。某些个人生活偏好，是不允许有一点点特权的，这里的限度就是法律。法律面前人人平等，不管是领袖还是平民。

澳大利亚总理霍克驾车时不喜欢系安全带，警察发现后，同样处以罚款。

新西兰总理朗伊喜欢开快车。有一次他在一个限制时速50 英里的公路上超速被警察发现，罚款 285 新西兰元（约185 美元）。后来，法院将罚款收据误寄给了另外一个人，被弄糊涂了的这个人将这些文件交到了电视台，于是全新西兰都知道了总理驾车超速受罚了。

2. 拥有特权者：请多投"弃权票"

在可以享受的特权之中，领袖如果能够主动地予以放弃，更会受到人民大众的欢迎。

1988 年的圣诞节前两天，瑞典国王卡尔十六世·古斯塔夫到一家商店为自己 9 岁的菲利普王子买一台电脑作为圣诞礼物。由于顾客很多，大家排着队，国王也静静地站在其中，与其他顾客一样等候着。

芬兰总统毛诺·科伊维斯托有时乘公共汽车上下班。

布基纳法索总理托马·桑卡拉的夫人玛丽亚姆，上班、上街购物、上教堂，都是开着一辆很破旧的车，每次启动，都需要几个行人帮忙向前推才行。

第二次世界大战结束之后，戴高乐临时主持法国大选以前的国政。由于他不愿意事先断定人民在大选中的选择，也不愿意在全国经济一片混乱、人民处于贫困之中时，树立引人注目的奢侈范例，戴高乐拒绝搬入爱丽舍宫，同样地也拒绝享用在朗布依埃的总统别墅。他在布伦树林附近自己掏钱租了一所私人住宅，和家人住在那里。

二、异化

1. 异化的两种表现

一种表现是，不喜欢的，却被迫接受。

1787 年 4 月 30 日，举行了华盛顿就任美国开国总统的宣誓仪式。这天早晨，东方刚刚升起太阳，华盛顿就已经起床。

他先将头发上油，油光光的长发波浪似地披垂在肩；上穿一件棕色上衣，纽扣上饰有展翅的雄鹰，闪闪发光；下穿白色的长筒丝袜；脚蹬有银扣的皮鞋；腰间佩着短剑。华盛顿以前从来没有像这一天早晨这样舍得花一点工夫在自身的穿戴上。从此以后，为了树立美国的尊严，华盛顿感到，他的服饰以及举止必须尽量讲究礼节和仪式。但华盛顿私下里认为，礼仪是一种负担；他表示怀念以前过的那种平民式的生活。

华盛顿是对的，为了国家利益他必须讲究他本人并不喜欢的礼仪。领袖穿着上的马虎随便，有时甚至会引起外交上的麻烦。一次，美国总统托马斯·杰斐逊接见英国驻美国大使，杰斐逊的不修边幅使英国人大为恼怒。大使后来气冲冲地对人说："我那时一本正经地穿着正式礼服，按他指定的时间到达。但那位总统不仅穿着晨衣，脚上还是一双十分邋遢的拖鞋。从裤子、上衣和底衫裤都可以看出他那极不整洁、粗心大意、不讲礼貌的样子。这不只是对我个人，而是对我所代表的国王的一种侮辱。"

领袖的穿着，还不只是一个仪表和礼仪的问题，还有一个安全的问题。第二次世界大战以后，美国总统都穿上了防弹背心。里根总统有时还穿防弹大衣（偏偏那天他被一个事后诊断为精神病的青年人开枪击中却没有穿），因为据联邦调查局的统计，约有七万五千人被怀疑有刺杀里根总统的动机。

约旦国王侯赛因曾多次遇刺，多亏了他的双层防弹衣，才使得他能够幸免饮弹身亡。

意大利的一家工厂专门为教皇制作了一件白色防弹长袍。正是这件长袍使教皇多次死里逃生。

利比亚领导人卡扎菲随时都穿着防弹背心，因为他随时都有可能遭到别人的暗算。他后来的妻子就是被派来索取他性命的一位杀手，只是她在开枪前的刹那，发现自己爱上了他。卡扎菲也是一见钟情，不仅娶她为妻，而且委任她为全由女性组成的贴身卫队队长。

以色列领导人也都格外注重穿防弹服装，因为许多阿拉伯人发誓要杀死他们。

也有领导人拒绝穿防弹衣。英国首相撒切尔夫人就是一位。她认为女人穿这玩意太难看。实际上，从个人生活偏好来讲，没有哪一个人会喜欢穿防弹衣。都是迫不得已而为之。

异化的再一种表现是，喜欢的，却被迫放弃。

本章题例就是如此。

希特勒最喜欢的娱乐是看电影。他与电影公司签了一个长期合同，让每一部不管是德国的还是外国的新片子都要在他的总理府放映。他有规律的生活是每天晚上至少看一部电影。第二次世界大战爆发以后，他为自己挑起的战争做出的牺牲就是放弃看电影的嗜好。战争刚开始时，还看新闻片，等到斯大林格勒一战后，新闻片也不看了。

没有时间，因此放弃自己的个人生活偏好。但中国清朝的同治皇帝，时间多的是，却也不能够随心所欲。咸丰病故后，同治继承帝位，年仅6岁，不能亲理国政，由太后垂帘听政。同治一天天长大，但深居九重之中，无事可做，闷得发慌。于是瞒着母后，带着小太监，微服偷偷出宫，到处游逛。同治出宫，最怕碰见王公大臣后让母后知道。因此，凡是大的娱乐场所都不敢去。经常光顾的是天桥夜市场、韩家潭妓院，以及冷僻街道的小茶楼、小酒店，这些地方，王公大臣们不屑一顾，恰好成为同治的自由小天地。同治17岁亲政，仍不改旧习，两年后驾崩。据传是在韩家潭妓院染上了梅毒。但万岁爷有梅毒太不光彩，太医们只得说是"出天花"。当时民间流传："不爱家鸡爱野鸡，可怜天子出天花。"家鸡野鸡，天子天花，倒也十分贴切工整传神。同治既不甘于困于深宫之中，使偏好完全得不到表现和实现，又不敢大大方方地出游，使偏好得到不折不扣地表现和实现，只能偷偷摸摸地干，为此而赔进了自己的性命。

2. 异化的三种原因

第一种原因，公务繁忙，闲暇时间少。

苏联总统戈尔巴乔夫在接受一家报纸采访时，谈到了他的一些个人生活情况。他说，自从担任苏联最高领导人以后，他一点空余时间也没有了，"可能，这不是一种正常的生活方式，但时代要求这样，形势要求这样"。

第二种原因，社会影响大，一言一行都必须自我约束或被别人提醒，甚至有专门的法律规定，不要越雷池半步。

法国总统戴高乐对此深有体会。他感觉到，民众心目中的戴高乐，是一个比他本人高大完美的戴高乐。"我知道我必须得考虑这个戴高乐，我简直成了他的俘虏。"在说话或行动之前，"我不能不问自己，戴高乐会不会同意？这是不是人民期望戴高乐采取的行动？这样做对戴高乐和他所扮演的角色是否合适？"不仅大事如此，小事也如此，他若有所思地说："有许多事情我想做但又不能做，因为这些事情由戴高乐去做不合适。"

第三种原因，警卫森严，限制了私生活的自由。

领袖的安全，是国家大事，衣、食、住、行等，都有一个安全问题。在美国，历史上对西部的征服造成了人们对滥用暴力和武器的迷恋。现实的各种因素造成了成千上万的疯子或精神病患者，这些人把他们个人遇到的不幸直接同总统联系起来，认为是总统对他们施加了不祥的影响。他们中每天总有好些人到白宫面前表明这种看法，这种情况在世界上是绝无仅有的。问题的严重性和复杂性还在于，某些真正可能对总统的人身安全构成威胁的人，并不属于这类精神不正常的人，因而未被列入特工处掌握的可疑分子名单。在特工人员眼里，接近总统的每一个人、每一件物，都是可疑的，都要受到检查。美国总统富兰克林·罗斯福喜欢吃花生，因而有许多人将花生作为礼物送给他，但罗斯福无此口福，一粒花生也到不了他的口中。送到白宫的礼品，因为安全原因都经过严格的检查，是饮料食品更要尝一尝，以防有毒。如若是饮料，一瓶中尝一小口，就可以做出判断。但花生则不然，漏尝任何一粒，都有可能放过毒物；每一粒都尝一点，实在不雅；每一粒都尝掉，特工的肚子受不了，也失去了尝的本来意义（给总统吃）。因此，凡送来的花生，全都一扔了事。

3. 异化的四种消除方法

第一种消除方法，忙中偷闲。

1988年，日本首相竹下登利用国会休会的时间，到位于山梨县鸣泽村的河口湖畔别墅度假。度假当初似乎决心很大，把十几本与公务有关的书带到了别墅。身边的工作人员甚至感到很吃惊，问："这么多书能读完吗？"这些书中，有为回答议员质询做准备、关于税收立法的；有为出访外国做准备、关于那个国家的政策和文化的；有像首相本人引以为自豪的"喜欢统计"那样而带的各种统计资料。另外，下属们还把"务必请首相一阅"的大量卷宗也塞进了别墅。但是，据陪同竹下登在别墅度假的工作人员透露："首相在干什么不是很清楚，但唯有没看过书这一点是确实的。"带去的书"打是打开了，但没有读"。竹下登最大的兴趣是打高尔夫球，经常去别墅附近的富樱田俱乐部参加比赛；或者就是打打麻将牌。

美国总统里根的忙中偷闲，更是举世闻名。据里根的一位阁僚讲，里根通常的日程安排是，星期一、星期二、星期四从上午 9 点工作到下午 5 点，星期三从上午 9 点工作到下午 1 点，下午用来进行体育锻炼，星期五下午去戴维营。在白宫椭圆形办公室的工作期间，里根也常常挤出两三个小时用来阅读崇拜者的来信并亲自给他们写回信。每天要睡个午觉。如果将看信、写信、睡午觉的时间除去，里根总统每周处理公务的时间还不到 30 个小时。

里根喜欢度假，他喜欢去的度假地是距圣巴巴拉 45 公里的山顶牧场。在总统任期内，里根和南希每年至少要在山顶牧场度假 3 次，并且毫不例外地要在棕榈泉过新年。在山顶牧场，里根将很多时间用于骑马，他的消遣活动还包括修修这整整那。南希则是喜欢整理牧场的花坛和摆设数量很大的花瓶。据里根的厨师说，南希的烹饪技术不佳，"她宁可摆餐具，布置花束和讨论菜单"。

就领袖所担负的社会责任而言，领袖的忙闲与其政绩的好坏高低没有直接的联系。对于社会，要求领袖的是政绩好、政绩高，而不一定非要忙得喘不过气来。但在不少的领袖以及民众的观念中,对这种忙闲和政绩的关系频有误解,以忙为荣,以忙为政绩。这是一种很错误的观念,事实上甚至可以说是一种小生产的自然经济以及高度专权的皇权政治的观念。在美国,对里根的喜欢度假,也有非议,但不容置疑,里根任内的政绩是很大的(不是说,越闲就政绩越大,越忙就政绩越小;而是说,忙闲与政绩不要硬扯到一起,特别是不能以忙来代替政绩)。

里根的前任卡特,每工作 18 天才休息 1 天,不分巨细,事必躬亲,连谁能使用白宫网球场地的人员名单也要亲自审定。卡特被认为是美国历史上工作时间最长的总统,但同时也被公认为是美国历史上政绩最差的总统之一。人们并不会因为他的忙,而原谅他的政绩差;更不会以他的忙,认同是他的政绩大。

第二种消除方法,避名求实。

英国首相丘吉尔访问美国时,罗斯福总统总是请他到白宫下榻,睡在人称"女王卧室"的房间里。那间房子布置考究,床铺非常舒适。有一次来访,罗斯福一定要让丘吉尔睡到林肯卧室,以便让丘吉尔可以用来夸耀自己曾在美国历史上最伟大的总统之一林肯的床上睡过。林肯卧室是按照美国19 世纪中叶林肯任总统时的那种相当俭朴的风格布置的,卧室里的床在白宫中是最不舒服的。丘吉尔睡下半个小时,就穿着睡衣,拎着箱子,从林肯卧室出来,踮着脚尖穿过过厅溜进了"女王卧室"。丘吉尔不愿在一张不舒服的床上睡一夜,不管那张床有多么伟大的历史意义。1954 年,丘吉尔又一次访美,艾森豪威尔总统的夫人让丘吉尔在"女王卧室"和林肯卧室之间选择一处睡觉的地方。丘吉尔毫不迟疑立即选中"女王卧室",而将林肯卧室让给他的外交大臣。

让下属充当避名求实的"替罪羊",对领袖来说,是一个好办法,对下属来说,却是万般无奈。按照美国传统,在每年感恩节总统要与火鸡合影。里根任总统后,打破传统,把自己不喜欢扮演的火鸡合影人角色推给了副总统老布什,老布什只得从命。

第三种消除方法,甩掉"尾巴"。

法国总统密特朗爱好户外自由运动。每天下午公事完毕,他喜欢沿着香榭丽舍大街散步,或到圣·日尔曼大街逛商店、下馆子。此刻,如果用摩托车开道、警卫特工人员前呼后拥就大煞风景了。密特朗的保卫人员采用的是"钻石型"队位:5名便衣特工在总统周围保持一定距离行动,一旦发生意外,背后的人迅速将总统仰面拖倒在自己身上,左右两个扑伏上去用身体掩护,另外两人打开特制的公文箱拉起防弹屏障。这种被特工时刻盯着的保卫措施,严重地妨碍了领袖们的私生活,是很多领袖深感头痛的事情。为此,有的领袖就想摆脱这种妨碍。

联邦德国总理阿登纳一次在科林纳别墅度假,一天早晨,随从们发现总理失踪了。特工人员手忙脚乱,到处搜寻,到处打电话,引起一场轩然大波。到中午,总理回来了,他平静地解释说,对老是在别人监视下过日子厌倦了,想要体验一次自由自在的生活,他乘车沿湖滨兜了一圈,甚至还想越过边界去瑞士走走,只是发现身上未带旅行护照才不得不回来。

美国总统尼克松也有过一次同样的举动。但他的特工人员就没有阿登纳的特工人员那么客气了。有一次,尼克松在他位于佛罗里达州的圣克利门蒂的消夏别墅度假。一天晚上，他趁特工不注意溜出别墅，躲在一个朋友的车里独自待了几个小时。他回到别墅时，一名特工人员正站在门口等他，要他在两种选择中做出决定，要么立即签署一项从今以后拒绝接受任何保护的总统正式决定，要么乖乖地听从特工人员安排的保卫措施。尼克松当然不敢签署那种决定。

法国总统蓬皮杜甩掉盯梢的"尾巴"，其技巧之妙，活像一个超级间谍。有一次，他自己驾车外出，特工车辆立即紧紧跟上。蓬皮杜在一座房子前停车，从房子前面进去，从在另一条街上的后门出来，跳上一辆早就准备好的车，一溜烟跑掉了。而这个时候，他的特工们还不眨眼地盯着前门的那辆车。

"灰姑娘"式的英国王妃戴安娜，对保镖们的尾随更是难以适应。她对密友诉苦，回想未嫁入皇宫之前，作为一介平民，生活自由自在，从来没有任何保镖，喜欢上街就上街，想游逛就游逛。但自从成为王妃后，每离开白金汉宫都有保镖随从，完全失去了往日的逍遥。对此，戴安娜感到讨厌，一有机会便摆脱贴身保镖，独自开车溜出宫外，有时甚至带上两个儿子，令她的保镖们又担心又头痛。

第四种消除方法，退休。

当用任何其他方法都克服不了领袖职务对于个人生活偏好的表现与实现带来的异化，而领袖本人又非常希望克服这种异化时，那就只剩下一个最后的也是肯定有效的绝招：卸去领袖职务。

现实生活中很少有单为偏好的表现与实现而主动辞去领袖职务的例子。但也不是没有，英国国王爱德华八世即是一个。1936 年 1 月 20 日，爱德华八世即位。1936 年 11 月，他对首相提出要与辛普森夫人结婚，如果因为身为国王而达不到目的，他"宁可退位"（最典型的"不爱江山爱美人"，而且是一位结过婚的美人）。一星期后，他签署了退位文件，次日得到议会批准，1936 年 12 月 10 日正式退位。其弟即位后封他为温莎公爵。1937 年 6 月 3 日，他与辛普森夫人在法国结婚。

更多的例子，是因其他原因退位的，偏好得以更好地表现、更好地实现。

尼克松任总统时，不敢签署拒绝保护的文件。他辞去总统职务后，却坚决不要按法律规定提供给卸任总统的一切官方警卫措施。

法国总统戴高乐卸任以后，访问了西班牙，在马德里郊外和佛朗哥一起进餐，无拘无束地交谈。戴高乐一直对佛朗哥维持长期统治的政治艺术钦佩不已，但由于外交上的原因，戴高乐在执政期间不便访问西班牙并会晤佛朗哥。

美国总统卡特爱干木工活，但任总统时无暇顾及。退休后，卡特干劲十足地做起了家具，并给他的每一件家具作品都烙上自己的名字。他说，他希望这些烙有卡特名字的家具，在将来会受到收藏家的青睐。他和夫人还经常为别人的楼房做门窗修理和室内粉刷的工作，两人头戴安全帽，身穿粗布工作服，手握电动手刨、锯子、斧头、刷子等，动作迅速、技术娴熟、配合默契，从中享受到生活的乐趣。

退休后的第八年，卡特夫妇率领两个子女及 4 个孙子女，做了一次东非之行。他们除了攀登非洲最高峰乞力马扎罗山之外，还前往一个野生动物保护区拍摄了大量镜头，观看了一个火山口。这种天伦之乐、这种探险之举，对于一个在职总统是根本无法想像的。

中国清朝的末代皇帝溥仪被共和推翻后，在居天津期间，喜爱上街逛珠宝店、服装店、饭店等。最爱买珠宝，看上哪样就买哪样，不计价格，也不懂得讨价还价，成为卖主最欢迎的大买主。其实，溥仪从清宫中所带的珠宝多得数不清，有的价值连城。珠宝店的货色和清宫珍品相比，只是小巫见大巫。溥仪所爱的不是珠宝，而是亲手买东西那种过去深居九重时没有的感觉。

据俄罗斯《莫斯科共青团员报》报道，叶利钦这位曾纵横俄罗斯政坛的风云人物，在退休之后并未消沉黯淡，而是开始了另一种精彩生活。"无官一身轻"的叶利钦甚至比他当政时更加精力充沛、容光焕发。他坐拥政府拨给的豪华别墅，身旁有助手、医生、厨师为他服务，出行有警车开道，还有政府专机听候调遣，并享受全天候的医疗监护。退休4年来，他频频穿梭于世界各地观光访友，参加各种社交活动，俨然成为全俄罗斯最幸福的老头儿。①

2000年1月5日，前俄罗斯总统叶利钦在妻子的陪伴下抵达耶路撒冷的希尔顿饭店。叶利钦戏剧化的辞职后，携其家庭成员赴耶路撒冷参加于7日举行的新千年第一个东正教圣诞节活动。

叶利钦曾经抱怨道："我作为总统访问了60多个国家，但哪儿也没去看。"退休之后，这位俄罗斯前总统终于找到了弥补遗憾的机会。

---

① Http：//www.sina.com.cn 2004年10月9日09：53，摘自中国日报网站。

自叶利钦在 1999 年的最后一天突然辞去总统职务之后，他外出旅行的次数就不断增加，并在 2002～2003 年间达到高潮。在 2003 年的"旺季"，叶利钦几乎就不曾在家呆过。3 月，他应桥本龙太郎之邀前往日本，到九州岛钓鱼、泡温泉。一个多月后，叶利钦和妻子奈娜飞抵基斯洛沃茨克度假三周，其间还顺便去了一趟叶卡捷琳堡。两周之后，他们又飞抵哈萨克斯坦，参观新建成的首都阿斯塔纳，并在当地疗养院休养。随后他们又前往吉尔吉斯斯坦。10 月初，叶利钦夫妇去了罗斯托夫，两人徜徉于普希金大街，悠闲地观看剧院的音乐剧排练。他们还造访了罗戈日基诺村，并从那里乘摩托艇登上了佩列波伊内岛。叶利钦在岛上钓了一整天，收获了几条大鲤鱼。

当然，曾经做过心脏搭桥手术的叶利钦还是不敢对健康掉以轻心。他每年都要到柏林的心脏病医疗中心检查一次身体。不过他一般不在那里久留，只是偶尔"和科尔进行一次友好谈话"，或者到体育场看一场排球赛。

4 年来，叶利钦走过的国家和城市难以悉数列举：法兰克福、布列斯特、喀山、萨拉托夫、伦敦、挪威……此外，他还有一些私人访问不为外界所知。

总的来看，叶利钦生活得更像某些西欧国家的退休老人：外出度假，到处旅游。

叶利钦在当总统时就十分贪杯，身边的工作人员有时不得不向他的伏特加酒里兑水。退休之后，叶利钦对酒的迷恋不减当年。每到一处，他必定会去当地的酒厂和名酒商店逛一逛。

在叶卡捷琳堡观光的时候，叶利钦不知不觉就走进了一家酒品商店。一番垂涎之后,自然不能空手而归,叶利钦要了5瓶好酒,其中包括一瓶1995年产波尔多葡萄酒和一瓶价值650美元的"拉菲特·罗特施利德"酒。

叶利钦访问埃里温酒厂的情景依然令亚美尼亚人记忆犹新。据说,叶利钦在品尝过该厂酿制的白兰地后,不禁为它的美味而倾倒,喝了又喝,欲罢不能。按照厂里的传统,贵宾可以获得酒厂的馈赠,赠酒重量与客人的体重相当。厂长把叶利钦带到一个特制的秤上,接着让人一箱接一箱地往秤的另一端搬酒。结果,叶利钦让该厂所有职工大吃一惊,他成了该厂有史以来"最重"的客人。厂家还为叶利钦准备了一只装有450升白兰地的大酒桶,桶上挂有"叶利钦"名牌,由当地代为保管。叶利钦只要想喝白兰地,随时可以前来享用。

叶利钦对各种酒都感兴趣。叶利钦夫妇2004年拜访了楚瓦什共和国总统费奥多罗夫,后者邀请叶利钦参观一家酒类博物馆。博物馆的出口周围挤满了等候的人群,叶利钦一走出来,人们马上围了上去,期待着他发表一番有关国家政治的重要言论。不料叶利钦竖起大拇指,对人群大声喊道:"你们的酒,真好!"博物馆馆员后来告诉记者,叶利钦尝遍馆藏的各种佳酿,对当地生产的"天鹅绒"和"夜夫人"两种酒尤为赞赏。

退休之后,叶利钦仍然希望世人承认他的重要性。桥本龙太郎、希拉克等许多外国领导人都曾看望过他。现任总统也没有把他忘掉。2000年2月,普京前往叶利钦家中为他庆祝生日。次年3月叶利钦从中央临床医院出院之际,普京又前去探望。6月,叶利钦被请到克里姆林宫,接受"服务祖国一等功勋"奖章。

叶利钦一般不对国内事务发表公开评论，不过偶尔也有几次例外。当普京与卢卡申科就俄白联盟问题出现分歧时，叶利钦访问了白俄罗斯，并公开表示，对突然"出现改变联盟国家方案的想法"感到"不理解"。评论家们立刻做出判断：叶利钦带着某种"中间人"使命，此行的目的是缓解两国总统之间的矛盾。如果叶利钦真的负有某种使命，那么他并未取得任何成果。各界对叶利钦此举的解释各不相同。

2003 年，叶利钦忽然接受《莫斯科新闻》的采访，阐述自己对现行改革的看法。他谈了自己起用盖达尔、丘拜斯、斯捷帕申、涅姆佐夫和接班人普京的经过，但没有评论普京的政策。退休 4 年来，他对当局只批评过一次，是关于将斯维尔德洛夫斯克州、车里雅宾斯克州和库尔干州合而为一的问题，叶利钦严厉批判了这一新潮设想。

这应该就是全部了。叶利钦暴戾的脾气退休后变得安静而平和。他退休后使用最多的形容词是"好"："我的状态很好"（在亚美尼亚如是说），"（你们的）国家不错，我喜欢，好国家，独立，而又民主"（谈及吉尔吉斯斯坦）。叶利钦甚至效仿自己的接班人普京，开始学英语了！

不少政治八卦认为，叶利钦在辞职前与普京达成一项协议：作为交班的条件，普京保障他晚年生活无忧，保留他的政府别墅和银行账户。这些传言未免有捕风捉影之嫌。但叶利钦潇洒的晚年生活的确受到国家法律的庇护。《离任俄联邦总统及其家庭保障法》保证了叶利钦和家人享有优越的生活条件。

按照有关规定，叶利钦有权终生享用位于莫斯科郊外的豪华政府别墅，有权使用特别通讯手段和国家提供的交通工具，并享有特别通行权。他的退休工资是现任总统工资的75%（普京的月工资近14.7万卢布，约合5000美元）。国家还为他配备了相当数量的警卫和服务人员。叶利钦外出有警车开道，出远门可使用政府专机。医护人员全天候监护他的健康，发现身体稍有不适，就会马上送他到中央临床医院做全面检查和治疗。技艺精湛的专职厨师为他全家做饭。有关人士透露，叶利钦的生活待遇在俄仅次于普京。叶利钦平日受到全面的安全保卫，加上法律规定他不受侵犯，因此在俄罗斯，谁也不敢奈何他。

刚退休的时候，叶利钦的健康状况非常糟，几乎一天24小时都呆在中央临床医院里。后来的叶利钦就像换了个人似的，比在位的任何时候都精神。有记者就此采访了外科中心主任、俄罗斯医学科学院院士、俄联邦功勋医师亚历山大·布龙施泰因教授，并向他咨询了任职总统对个人健康的影响。

问：布龙施泰因教授，叶利钦"重获青春"的原因是什么？难道是某种医术发挥了奇特疗效？

答：毫无疑问，叶利钦目前良好的精神状态与他辞去总统职务有关。

我想，总统肯定是不好当。俄罗斯遭受的各种苦难与国内发生的各种天灾人祸，都会影响他的心血管和脑血管。大量从事体育锻炼和节制饮食是起不到作用的，确切地说，帮助不大。

叶利钦也尝试了这些方法。但他康复的首要原因是退下总统岗位，另外就是上帝赐给他的一副好身体，他的身体素质很好。当然，也不能忽略他接受的某些特殊治疗。我不知道外国医生对他做了什么。但没有什么灵丹妙药可以让人返老还童，只能是在一定程度上改善他的健康状况。严格地说，是辞职救了他。我不知道叶利钦辞职是否对俄罗斯有利，但毫无疑问的是，这救了他自己。

问：您认为，如果叶利钦在 1999 年年底不辞职，他还能干多久？

答：还能干几年，但需要不断接受治疗，不断服药，还会经常住院。如果他干到今天，绝对不会像现在这么精神。不久前，我在巴黎的戴维斯杯网球赛上看到了他。他当时坐在法国总统希拉克旁边。比赛结束时，他走下看台，轻松地跳过挡板，跑到场地上向我们的运动员祝贺，并亲吻了每个人！他的心态十分积极，这对血管和健康很有益处。

问：现在的叶利钦经常到各地旅行。这对他的身体是否有好处？

答：非常有好处！首先，上了年纪的人不能总坐着。如果活动量太少，人可能生病。积极的生活方式对叶利钦至关重要。

问：从外表看，现在的普京和 5 年前相比变化大吗？当总统是否对他的健康有严重影响？

答：电视上的普京有时看上去的确很糟，能看出倦意、紧张和病痛。尽管他是个健康而又坚强的人，平时还练柔道，但"心中似有千斤担"的感觉的确对身体不好。

最好的政治家是那种比别人坐得久的人。必要时，我愿意让会议拖到很晚。深夜，对手们昏昏欲睡。我耐心地坐在那里，而他们却耐不住了，一个又一个地改变初衷，转而同意起我的看法来。

——联邦德国总理　阿登纳

第5章
领袖偏好效应的方向、数量与范围

一、效应的方向

1. 正效应

中国研制的一种营养发水，主治脱发。联邦德国总理施密特试用此药后，效果特佳。他在去美国与里根总统会谈的旅途中，手提箱内还装带了四瓶这种药水。这个秘密被随行的记者发现并做了报道，由此，中国这种营养发水的年出口量连年大幅度上升，由 1981 年的 4 万瓶增加到 1984 年的 22 万瓶。对于中国的这种药水的出口，施密特的偏好引发的效应是一种正效应。

阿根廷总统阿方辛每次回到他的别墅时，遇到他的邻居或其他人走近他的汽车向他问候，他总是马上停车并放下车窗同来者谈上几句话。橄榄别墅的邻居说，在这方面，阿方辛总统是他们记忆中住在别墅里的最好的居民。这对于阿方辛获得选民的政治拥戴，无疑具有正效应。

哥斯达黎加华人较多，阿里亚斯总统每碰到华人，总喜欢聊上几句，对中国文化表现出极大的兴趣。他的声带不好，说起话来有点嘶哑，他总是到当地的华人医生诊所求医，说中国针灸有神妙之功。他还时常光顾华人餐馆，说中国的炒饭、杂碎合他的胃口。这些偏好，使得旅居哥斯达黎加的华人，大都成为他政治上的支持者。

2. 负效应

1984年，英国裁剪制衣工会获悉女王伊丽莎白二世戴的帽子不是英国货，便致信女王，要求她改用英国产品，以支持本国经济增长。如果女王真是只喜欢外国产品，由此带动消费者只用进口货，那么对于本国产业的发展，将是一种负效应。为了避免这种情况，白金汉宫专门发表声明，否认女王所戴帽子是外国货。

女王的丈夫菲利普亲王喜欢打猎，这对于动物保护、生态平衡，是一种负效应。1984年，联邦德国一家著名的杂志决定将一年一度的大奖颁给菲利普，以表彰他在担任世界野生动物基金会主席期间所做的工作。联邦德国动物保护协会主席对此大不以为然，他说："假如你们知道，菲利普亲王每年要射杀许多动物，你们便会质问，亲王鼓吹的究竟是哪一种动物保护？"

1948年，美国总统大选，舆论普遍认为共和党人托马斯·杜威已稳操胜券。有一次招待会上，一个带醉意的客人拍了拍杜威的肩膀，以一种在杜威看来未免有点随便的态度向他打招呼。杜威不理睬他，对身边的人骂他是"蠢驴"。此人是好几家报纸的联营老板，很具有一些影响。可以想像得到，被冷遇的老板的报纸，会对它们的读者在大选中的倾向发生什么样的影响。与大选前的多数预测相反，杜威失败了。在向总统宝座进军，离宝座仅几步之遥的地方，他的傲慢，无疑是使他栽了跟头的绊脚石之一。

英国首相托尼·布莱尔几乎每次度假都会惹出一些麻烦事来。2004 年 12 月亚洲发生海啸灾害时，正在埃及度假的布莱尔不合时宜地说，不会因此缩短自己的度假计划。媒体一片哗然。这起"度假门"余波未了，隔年 1 月 9 日，英国媒体称，布莱尔及其家人没有为其乘坐的航班支付足够的费用，给英国纳税人造成了大约 10 万英镑的损失。①

据悉，布莱尔及其家人前往埃及度假时乘坐的是一架"女王航班"。该航班的费用每小时高达 8000 英镑，平时专供英国女王及王室成员使用。根据英联邦相关规定，英国首相确实有权使用该航班，但需要支付一笔数量不定的费用。如果首相乘坐该航班完全是出于公务需要，则无须支付费用，否则视公务所占的比例而定。

据唐宁街 10 号首相府发言人透露，布莱尔已经支付了一笔相当于商业航班的费用。但这笔费用与王室标准相比简直是微不足道。这位发言人辩解说，之所以少支付了一些费用，是因为首相在度假过程中处理了一些公务，包括会见了埃及总统、约旦国王和巴林国王，并给世界各国领导人打了大量

---

① Http：//news. 163. com 2005 年 1 月 10 日 10：35：15，摘自中国日报网站。

的电话。此外，之所以使用"女王航班"是出于安全原因考虑。据悉，"女王航班"装备了防御性导弹和装甲外壳，并且保护乘坐者免遭小型火力的攻击。

然而，反对党保守党对这些解释并不买账。保守党质问说，为什么首相每次度假时都有"某些公务"要处理。保守党议员克里斯·格雷林要求布莱尔根据《自由信息法案》，公开所有关于"女王航班"使用情况的细节，包括布莱尔自1997年上台以来支付的总费用。

格雷林说："过去几年来，首相在大多数度假中都使用'女王航班'。我希望知道他到底开了多少支票，他是否向纳税人支付了足额费用，是否在享受一种'免费服务'。"

3. 混合的正负效应

有时候，某个领袖的一种偏好，可能既有正效应，也有负效应。

美国总统里根待人随和，在与记者打交道时，喜欢回答记者们非正式提出的问题。他每次外出，都招来一大批满怀希望的记者。由此，里根在新闻界极得人缘，使他在政治上获利不少。但也有人批评说，里根只是喜欢与记者们闲聊，对重大事件难得发表意见，是一位受人庇护及消息不灵通的傀儡，根本不像生活在我们的世界，而像来自另一个星球。

日本首相三木武夫善于与人交谈。在交谈中，他喜欢握着对方的手、靠着对方的肩、嘴贴到对方的耳朵上，苦口婆心地劝人家支持自己的意见。有人从中感到了三木的真诚，觉得可亲可爱；而有人却从中感到的是虚伪，觉得讨厌、反感。

三木还以"电话迷"著称，喜欢打电话、接电话。对那些素不相识的普通民众打来的电话，也是亲自去接。通话者听到总理大臣的声音说"谢谢"，"我一定不辜负你的愿望"，又是吃惊，又是感动。这使得三木在选民中有很好的人缘。但三木为此付出的代价是有时碰上捣乱分子打来的骚扰电话，弄得心情不愉快。

与三木相比，美国总统老布什的运气就好得多了，他既得到了亲自接电话带来的政治收益，又受不到捣乱分子的骚扰，用不着费一点点神。因为，有一个另外的布什代劳。

退休商人乔治·布什与总统乔治·老布什同名同姓，许多人见到电话号码簿上商人布什的名字，就错以为是政治家老布什。1988 年美国总统大选，商人布什经常接到向他表示支持，希望他竞选成功的电话："喂，是乔治·布什吗？你的竞选活动做得很好，我想恭喜你！""哈罗，布什吗？我决定投你一票。"接到这样的电话，商人布什总是将错就错地向对方表示感谢。商人说，自从 1980 年老布什成为美国副总统以后，他就开始接到这种表错情的电话。换成别人很可能会大为恼火，或者解释明白，使对方感到失望或迷惑。但独居的退休商人不仅毫无怒意，反而感到很有趣、很骄傲。由于他的礼貌，使许多来电话者决心把选票投给老布什，而他自己也早已决定，把他的一票投给总统候选人老布什。那次大选，老布什获胜。商人布什该记一功。

二、效应的数量

某个领袖的某一个个人生活偏好，可能只引发一种效应，这就是单效应；也有可能引发两种或者两种以上的效应，这就是复效应。复效应中，不同的效应之间，可能是平行的关系，即不同效应都是直接由同一个偏好引起，相互之间没有什么联系，这就是平行的复效应；也有可能是连锁的效应，即某种偏好引发某种效应，这种效应又引发另一种效应，不同效应之间有一种因果联系，这就是连锁的复效应，也可以称为"多米诺效应"。

1. 单效应

1841 年，美国总统威廉·哈里逊在他的就职典礼上发表演说时，天正下雨，气温很低，他没有戴帽子，结果得了感冒转而肺炎，一个月后去世。从此，美国总统就职演说时有了戴帽子的传统。120 年后，约翰·肯尼迪打破这一传统，在发表就职演说的那一天，也是当地历史纪录上最冷的一天，他没有戴帽子。对此，美国的制帽业非常不满。由于总统不爱戴帽子，使得制帽业一度大为萧条。肯尼迪为挽回影响，特地戴帽照相，并在讲话中强调，他喜欢戴时髦的帽子。

采访白宫的记者透露，肯尼迪最爱喝的鸡尾酒是代基尼。转眼之间，全美各地酒店的货架上就排满了一瓶瓶代基尼鸡尾酒的配料。

里根入主白宫后，他爱喝的加州葡萄酒销路大增。

2. 平行的复效应

美国总统里根的另一个著名偏好，是爱吃软糖。与爱喝加州葡萄酒不同，软糖偏好的效应有好几种：

软糖当时被誉为美国"第一糖果"。里根当上总统后，爱吃软糖的偏好上了报纸，上了电视，全美国几乎人人都知道了这种彩色的豆形软糖，销量猛增了 3 倍。

软糖影响里根对人的判断。里根曾意味深长地说："若要了解一个人，只要看他从糖罐里拿取小软糖时挑的是什么颜色，是挑同样一种颜色还是随便抓一把，就可以知道他的性格特点了。"（具体如何判断，比如挑同一种颜色是什么性格特点，里根秘而未宣，笔者不敢乱猜。猜错了，是误人；猜对了，有侵犯知识产权之嫌。）

软糖用于表明里根的见解。有一次谈到有人反对他的某种政策主张时，他说："有人告诉我，紫色的软糖是有毒的。"说完，他随手拈起一粒紫色的软糖塞进自己嘴里。里根以此表明，不管别人怎样反对，他都要推行自己的政策。

软糖帮助里根平息内阁会议上的争论。每当阁僚们情绪激动，他就请大家分享软糖。当大家嚼着软糖的时候，气氛也随之软化。发脾气的人会冷静下来，沉闷的场面也会听到欢快的笑声。

软糖成为里根政治上颇为含蓄的象征。软糖使人感到里根的温和、稳健、大众化。里根曾开玩笑地说："有些领袖人物往往被冠以'雄狮'之类的称号而载入史册，我则可能要被人们记住是'软糖'。"1993年民主党人克林顿入主白宫后，去拜会前总统里根（美国当时在世的前总统有老布什、里根、卡特、福特、尼克松等五位，是美国历史上在世前总统最多的年代）时，里根送给克林顿的礼物，正是一罐软糖。

共和党人里根的白宫前任民主党人吉米·卡特也爱吃糖，但不是里根爱吃的这种豆形软糖而是巧克力糖块。卡特这个偏好引发的效应也是复效应。

卡特的微笑很出名，被誉为"吉米的微笑"，很能引起选民的好感。顾问们担心他吃糖太多会损坏牙齿，使"吉米的微笑"露出来不再是一排洁白整齐的牙齿，从而失去对于选民的魅力，便力劝他改掉这个习惯。

卡特爱吃糖也遭到了美国牙医协会的反对。他们致信白宫，认为总统的偏好会加剧美国儿童吃糖的不良后果，为了保护下一代的牙齿，劝总统不再吃巧克力糖块。

3. 连锁的复效应

连锁的复效应，也就是联动的复效应，也可以称是"多米诺效应"。"多米诺"是西方国家中一种形似中国麻将的骨牌。有一种很风行很著名的多米诺的玩法，是将骨牌先按设计好的图案一个一个地直立排列，然后碰倒第一张骨牌，其余的骨牌就一张一张地跟着倒下去（这种玩法有吉尼斯世界纪录）。最早是由美国总统艾森豪威尔在一次讲话中，借用"多米诺"一词，来比喻相邻国家政治局势的连锁反应。我们用它来形容领袖个人生活偏好所诱导的连锁效应，也是很贴切的。

发生"多米诺效应"时，对在很远的后面将要倒下的牌，往往不容易看得到、看得清楚（因为这不是真正地玩这种骨牌游戏时事先就排列好了各张牌），这特别需要有科学的远见。

肯尼迪任美国总统时，第一夫人杰奎琳有次穿了一件貂皮大衣露面，立即引起了一阵貂皮大衣热。因此，在里根总统的第一任初期，当一些保护生态平衡的组织获悉里根夫人南希买了一件貂皮大衣后，立即纷纷提出了抗议。他们说："看到经常抱着自己毛茸茸的爱犬上下飞机的第一夫人穿一件裘皮大衣，那实在是有点自相矛盾。"他们致信南希夫人，提请她注意，因为她是千百万妇女仿效的榜样。为此，南希特别发表声明，表示她虽然并不会参加保护珍贵毛皮动物的运动，但将把引起争议的大衣放进衣柜，不再穿它。

南希对裘皮衣的偏好可能诱导的多米诺效应是：更多的妇女以裘皮衣为时髦→厂商为生产更多裘皮衣而抢购更多的动物毛皮→更多的毛皮动物被猎杀→生态环境失衡→……

为避免最终可怕的结果，最好的办法，就是不让第一张牌倒下。

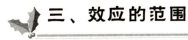

三、效应的范围

领袖偏好效应的波及范围，只限于与领袖直接打交道的少数人，为点效应；拓展到一个较大的范围，则为泛效应。

1. 点效应

美国总统哈丁喜欢玩扑克牌。他的牌友有白宫助理、内阁成员、国会议员。每周两次，聚在白宫图书馆里打牌，被人称为"扑克内阁"。一位观战者后来描绘道："到处是装满酒瓶的盘子。瓶子上贴着各色各样的威士忌酒的商标，真是应有尽有。他们敞着背心，脚跷在桌子上，桌子旁边好几个痰盂。这就是牌场的大致气氛。"

在一次报界大肆宣扬的"体察民情之行"的整个旅途中，哈丁几乎牌不离手。当时的商务部长赫伯特·胡佛写道："在旅途的船上，总统执意要玩桥牌。每天一吃完早饭就开始，一直打到深夜，只有吃饭时停一下。随行人员中只有四个牌友，只得排了班次陪总统打牌，这样每个人才可以轮流休息一会。我在这次旅途中对打桥牌越来越厌恶，以至于从那以后再也不打桥牌了。"

胡佛对哈丁打牌感到厌恶，但他自己当上总统后，却又以"健身球内阁"而出名。这次是轮到别人对陪他玩球而感到厌恶了。每天早上7点半，胡佛总要玩健身球，雷打不动，这是他唯一的体育活动。健身球的玩法是，将一个很重的实心皮球在十英尺高的网上扔过来扔过去，直到对方累得接不住，球落到地上就得分（哈丁的玩桥牌主要是用脑力，烦透了桥牌的胡佛反其道而行之，玩健身球主要是用体力）。总统助理、内阁成员、一些采访白宫消息的记者是陪练。即使是瓢泼大雨或暴风雪等最恶劣的天气，球还照常打。"健身球内阁"的"阁员"们忠心地按总统的眼色行事，总统发牢骚，他们跟着抱怨，总统称赞什么，他们马上就说好听的，直到这种苦差役结束。使陪练者最可庆幸的是，这种球赛从来不超过半个小时（不像哈丁玩起牌来从早到晚、没日没夜）。

领袖偏好的点效应，或是因为领袖的权力而引起，比如胡佛陪哈丁打牌以及胡佛的阁员陪胡佛玩球，都是出于无可奈何；或是因为领袖的魅力而引起，使下属不自觉或自觉地主动去模仿。

肯尼迪总统的一位助理自从跟随肯尼迪后，不知不觉中，说话有了波士顿口音；讲话时像肯尼迪一样一只手的食指在空中点点戳戳，同时另一只手插在上衣口袋里；一改过去的滴酒不沾，爱上了总统爱喝的海纳肯啤酒和代基尼酒。肯尼迪的一位朋友有次对这位助理说："我说，你越来越比他本人更像他了。"

在这种意义上，点效应确实是反映领袖魅力大小的一种表现。

有时候下属因为领袖的魅力小而不迎合，会因此得罪领袖，进而会因为领袖的权力大而吃苦头（假若胡佛当时就对哈丁表示，他不高兴陪哈丁打牌，不知他后来是否可以当上总统。撇开这些政治上的谋略不讲，从做人的角度，还是要敢于说"不"，不对权势低三下四，逆来顺受，失去自己的人格尊严）。

偏好上的离合，也反映了人心的背向。领袖当然希望得到拥戴和崇敬，下属也当然希望得到信任和重用。为此，上下都不会忽视"偏好"这种小事。不过有人看得轻一点，有人看得重一点而已。

美国总统西奥多·罗斯福的助理洛布，虽然长相、身材、性格、学历、经历等都与罗斯福有很大不同，但却希望自己的偏好同罗斯福一模一样。他选用同罗斯福一样的夹鼻眼镜；留着同罗斯福一样的短髭；头发剪成像罗斯福一样的平头；

待人处事上克服了自己天生的冷淡拘谨，竭力表现出罗斯福那种开朗热情的风度；罗斯福在哈佛大学念书时就以对文艺的鉴赏能力而出名，中学都未念完的洛布，短时间内就收集了大量的文艺名家经典；非常爱好户外活动的罗斯福鼓吹充满活力的生活的好处，他的身体不很结实的助理就拼命练习骑马，并且真的成了骑术高手。换一个人可能对于手下如此五体投地地崇拜自己而产生不自在的感觉，但是对罗斯福以自我为中心的性格来说，模仿似乎的确是取悦他的最真心实意的形式。

有时候，这种模仿要付出很大的代价。

西奥多·罗斯福喜欢狩猎。在一次大规模狩猎结束时，罗斯福和他的同伴决定用他们的猎物设宴来庆贺丰收，主菜是两只大灰熊。洛布参加了宴会，但他对熊肉一点也没有胃口。当总统兴高采烈地将自己喜爱的美味、油腻腻的熊肉堆得高高地递给洛布一盘时，这位助理只好有礼貌地接受，并且边咀嚼边勉强地挤出微笑。

在一次随总统乘船外出时，虽然天气阴冷，但罗斯福坚持要跳到波涛中游一番，当总统破浪前进并喊着让他的同伴跟上来时，洛布顺从地把自己浸入水中。一会儿，他的四肢就冻得失去了知觉。

某些领袖以别人是否迎合自己的个人生活偏好作为识人用人的一个很重要的标准。

某些卑鄙小人也利用迎合领袖的某种个人生活偏好而作为实现自己野心的手段和捷径。

据苏联领导人斯大林的一位下属回忆："斯大林爱吃的一道菜是江鳕鱼肝。有一次，他把我叫进大厅，要我为客人们即政治委员们上这道菜。我回答说：'斯大林同志，你让人去莫斯科州水库捕捞江鳕，可是水库里没有这种鱼。即使我们捞到了五六尾江鳕，那点鱼肝也不够大家吃的。'不料坐在桌旁的贝利亚（苏联秘密警察头子。后来赫鲁晓夫成为苏联领导人，首先除掉的人中就有贝利亚）立即插话说：'我可以弄到江鳕。'过了一个星期，贝利亚真的送来了 90 尾江鳕。斯大林立即将我叫去说：'你看，你没有弄到江鳕，可贝利亚弄到了。'"

"还有，斯大林的牙不太好，忌讳吃硬食。有一次，斯大林让我取出一些梨。这些梨像是故意捉弄人似的，都很硬。斯大林对我表示了不满。于是我不得不报告说：'斯大林同志，库房里只有这种梨。'在场的贝利亚立即插话说：'他们自己把好梨吃掉了，就把这种硬梨塞给您。'我当时恨不得找个地缝钻进去。贝利亚接着说：'我有好梨。'在一阵沉默中，我呆立在那里。突然听到斯大林厉声命令：'请你立即到贝利亚那里去，把他所有的梨都拿来。'"

2. 泛效应

领袖的某种偏好，只是很少数人仿效，是点效应；若是上万、几万、几十万、几百万人受影响，就是很大很大的泛效应了。

曹锟是中华民国初期北洋军阀直系的大头目。1923 年他贿选当上了中华民国大总统，权势熏天。曹锟很喜欢京剧，但他当上总统后就下令禁演京剧名戏《捉放曹》和《击鼓骂曹》。原因是他对这两出戏名中的"曹"字特别忌讳，担心老百姓将这个"曹"字理解为"曹锟"的"曹"，同时他自己也害怕将来真的陷入被"捉"、被"骂"的境地。这一禁，老百姓都不能看了。但这两出戏的影响实在太大了，想看爱看的人太多，而且最主要的是，曹锟本人也非常沉醉这两出戏。怎么办？于是由一些文人想出妙计，将《捉放曹》改为《陈宫计》或《中牟县》；将《击鼓骂曹》改为《群臣宴》或《庆贺元旦》。而戏的内容、唱词唱腔则丝毫未变。曹锟以为这样就可以万事大吉了。没想到曹锟用尽心机，却还是只当了一年总统。1924 年 10 月，北京政变，曹锟被"捉"住，软禁了一年多才被"放"出来，名副其实地上演了一本《捉放曹》。至于他贿选当上总统等种种倒行逆施，更使他在历史上留下了千古"骂"名，只是别人骂他时，不再"击鼓"了。

哈丁的打牌，是为打牌而打牌，只是点效应；杜鲁门的打牌，则是借助打牌这种偏好而解决大问题，就是泛效应。杜鲁门总统用牌局的形式把他的朋友聚到一起，让他们围桌而坐，边打牌边分析、研究总统新碰到的难题。谈到重要之处，扑克牌就停下来，谈通了以后又接着打。每隔三个星期左右，总统就把他最亲密的那批人找到一起，坐着总统的专用游艇沿波托马克河而下。一般在星期五下午起航，然后度过星期五晚上、星期六全天，有时还有星期天。杜鲁门和他的牌友们乘船徐徐驶过沿海地区的绿色田野，一边啜饮着布尔本烈性威士忌，打着扑克，一边谈论着党派大事、国家大事和世界大事。

领袖利用偏好，不仅可以把大家聚合在一起讨论问题，更重要的是，还可以把大家不同的意见统一到自己的观点上来。联邦德国总理阿登纳对酒有特别的研究和喜爱，酒量也大。当他主持内阁会议时，若发生争论，他就宣布暂时休会，取出他藏的美酒请阁员们喝上几杯。几杯酒下肚，再进行一些无关紧要的友好交谈，他就宣布复会。这时，反对派的态度就温和多了。这是阿登纳利用自己和与会者在喜爱美酒这种偏好上的一致，使不同意见者软化，强硬不起来。

阿登纳制服内阁中反对派的方法，还有一个绝招，就是本章题例所讲的。这是阿登纳利用自己和与会者在睡觉时间（早睡还是晚睡，是否睡午觉等）这种偏好上的不一致，使不同意见者挡不住困意，只得向因为习惯晚睡并且总睡午觉所以还没有困意的阿登纳缴械投降。

在竞技性的偏好上，政治上的对手们往往也要进行不是政治的政治较量。

1970 年，后来先后担任过日本首相的田中角荣和福田赳夫打了一场高尔夫球比赛。两人当时作为自民党内的最具实力派首领，正在为争夺佐藤之后党总裁和政府首相宝座展开激烈的争斗，被称为"角福战争"。因此，这一场原本只是个人生活偏好的球赛，也作为一场"角福战争"而吸引了大批的政治记者。从开球打到第三穴，福田遥遥领先。接下来田中超水平发挥，连打几个好球，不仅追上了福田，而且占了压倒优势。最后田中赢得了这场比赛。田中派快活地喧叫着，福田派则感到十分沮丧。因为各报记者只要将这场比赛的过程和结果报道出去，即使不加一句与政治上的"角福战争"有关的议论，也会使读者有丰富的联想。后来政治上那场"角福战争"的过程和结果，恰好与这场高尔夫的"角福战争"一样。

1955 年，联邦德国总理阿登纳访问莫斯科。在一次宴会上，苏联领导人赫鲁晓夫想试试阿登纳的酒量。他没完没了地用伏特加祝酒，看 79 岁的阿登纳这个在谈判桌上很难对付的人能不能用酒来打败。阿登纳酒量虽然很大，但一点也不喜欢伏特加酒。可是又不甘示弱。干杯 15 次以后，阿登纳仍然思维敏捷，观察力锐利，发现了赫鲁晓夫以水代酒。阿登纳假装无心地说，凡以水代酒的人都不可以信任。赫鲁晓夫一愣，只好一个劲地陪笑。

赫鲁晓夫很喜欢在这些事情上和外国领导人比试。1959年，美国副总统尼克松访问苏联。在一次赫鲁晓夫举行的宴会上，有一道菜，名为西伯利亚冻白鱼，生着端上来，切成薄片，配以盐、胡椒、大蒜等配味品。"这是斯大林喜欢吃的一道菜"，赫鲁晓夫一边劝尼克松尝尝这道菜一边说，"斯大林说吃这道菜能使他脊梁骨更硬。"说完，赫鲁晓夫示威似地要了双份这道菜。为了在同赫鲁晓夫的谈判中"脊梁骨"的硬度不至于输给赫鲁晓夫，并不爱吃这道菜的尼克松也要了双份。

1979年，苏联总统戈尔巴乔夫访问布拉格。在机场的欢迎仪式上，他只是同捷克斯洛伐克领导人胡萨克握手而没有拥抱。记者们评论说，这一细节反映了两国领导人在政治上的分歧。

不同国家之间的领袖，确实可以通过个人生活偏好，而传达两国关系亲近还是疏远的信号。

英国女王伊丽莎白二世的爱马，是举世闻名的。出访外国时，外国领导人将名贵赛马赠送给她的大有人在。有次到美国访问，里根总统的礼物既投女王所好，又新颖别致，是一部储存了女王赛马资料的电脑。

1988年年底，英国首相撒切尔夫人访问美国，会见了即将卸任的里根总统。撒切尔夫人为这次会见准备的礼品，是从过去拍摄的有里根出演的故事影片中搜集的里根照片集。首相对总统说："你同那个时候一样英俊。"这件人情味极浓的小小礼物，是两位领导人私人关系和两个国家关系都十分亲密和谐的真实体现。

彼得一世 10 岁登基，和伊凡五世并立为俄国皇帝。但小彼得被斥于朝政之外，近于流放似地住在莫斯科附近的一个小村庄里。小彼得热衷于玩"战争游戏"，在模拟的要塞中，将小伙伴们组成"游戏军团"，互相攻来杀去。后来，彼得的"游戏军团"演变成两个著名的禁卫军团，成为俄罗斯新军的核心。小顽童彼得的"战争游戏"偏好，为长大成人的彼得发动宫廷政变而亲政专权、对外黩武而扩张疆域建立霸业提供了军事实力。

第6章
领袖偏好效应的速度、力度与跨度

一、效应的速度

领袖的某种个人生活偏好与其引发的社会效应之间，没有时间上的间隔，就是效应速度快，称为即效应；偏好与效应之间，有一个时间上的间隔，就是效应的速度慢，称为滞效应。

1. 即效应

美国总统海斯的夫人露西，在举行白宫宴会时，不喜欢客人贪吃，为此而特地选用了一种专门供客人用的餐盘。现在，在收藏有历届总统用过的名贵瓷器的白宫陈列室中，还可以见到露西夫人待客用的盘子。盘子中的图案是一只小鸡盯着西红柿上的小虫子，正要啄而食之。这个图案的效应是再快不过了，客人们不但不会贪吃，反而会将赴白宫宴会前吃下肚的东西也全部呕吐出来。

2006 年 10 月 31 日，英国首相布莱尔在一个时尚界场合说，他有一次穿着海滩装亮相，结果酿成一场"时尚灾难"。他自嘲说："有一年，我穿了一个特别品牌的泳裤，结果那个品牌的销量急剧下降。"①

当天，布莱尔在伦敦出席时尚零售学院新校址开幕式。这位平日里西服革履的领导人透露了自己在时尚方面的失败经历。

布莱尔说，当他告诉妻子和 18 岁的女儿，他要参加这个时尚零售学院开幕式，她们大笑不已。"我的时尚品位不被认可"，布莱尔还当场接受了一次时尚品位检验，为一条灰色女式短裤和一件羊毛套头衫搭配一双女鞋。"这是我最不拿手的。"他说。尽管犹豫不决，布莱尔最终还是挑选了一双亮面的灰色女鞋。

英国最大服装零售商之一、阿卡迪亚集团所有者菲利普·格林爵士说，布莱尔拥有一些创新才能，如果他明年辞去首相职务，愿意为他提供工作机会。"如果你今后想尝试一些新鲜事物，我们可以帮忙。"他对布莱尔说。

布莱尔笑道："那么你只能让我从最低层做起。"

2. 滞效应

本章题例，也是一种滞效应。

---

① Http：//news3. xinhuanet. com/photo/2006 - 11/02/content_5279213. htm.

领袖的某种偏好，甚至可能时泄几十年、几百年以后，才能发生效应。

美国总统格兰特爱抽雪茄，还爱用雪茄开玩笑。有一次，霍里·诺顿去见他，在谈话时，格兰特递给诺顿一根雪茄。诺顿舍不得吸它，揣回家中珍藏，以做纪念。后来，诺顿创办了诺顿大学。诺顿大学 75 周年校庆时，霍里·诺顿之孙威士迪·诺顿接受邀请，参加校庆活动。他揣带祖父传下来的这根雪茄前往，在演讲时，他出示这根雪茄，述说祖父和格兰特总统的友谊以及这根雪茄的来历，然后说："在这个伟大的纪念日，我要在大家的面前，点燃这根雪茄，让在场的每个人都吸一口，以纪念本校的创办人和格兰特总统。"说完，他点燃雪茄，深深地吸了一口，台下掌声雷动。哪知就在此时，雪茄砰然爆响，七彩的烟花四射。原来，这是格兰特的一个玩笑。但这个玩笑，却因为霍里·诺顿对他的崇敬，而推迟了将近一个世纪才实现。

二、效应的力度

偏好引发效应的力度有强有弱。我们以几位领袖的个人读书读报偏好所产生的社会效应为例，来说明这一点。一位搞政治的藏书家曾经说过这样一段话："掌权的人难得有时间读书，但不读书的人却不宜掌权。"

1. 弱效应

英国撒切尔夫人每天早上浏览当天的《泰晤士报》、《金融时报》、《每日电讯报》、《快报》和《太阳报》。

阿根廷总统阿方辛喜欢边喝早茶边看送来的当天日报。特别爱看外国杂志,尤其是西班牙杂志。对本国杂志不屑一顾,除非得知上面有他感兴趣的文章。

日本首相岸信介为了讽刺报界,曾对人说,自己"只看体育版"。

这些偏好,对于报界也好,对于社会其他方面也好,效应的力度是比较弱的。

据《华盛顿邮报》2007 年 6 月 26 日报道①,近年风靡全球的鳄鱼皮凉鞋原本是新潮人士的装备,专为乘艇出海的人而设,男女老少都爱穿,但美国总统小布什显然与潮流脱节。日前当他外出骑自行车锻炼身体时,竟然以黑袜配黑色鳄鱼凉鞋,立即被时尚界人士讥为"想赶时髦"反而酿成"时尚灾难"。

据报道,美国鳄鱼公司生产的鳄鱼凉鞋于 2002 年面世,直至 2006 年夏天才一炮而红,2007 年时公司每月生产 400 万双,单计 2006 年的收入便高达 3.54 亿美元。鳄鱼凉鞋是一款奇怪的凉拖,圆润的鞋头,造型笨笨,颜色很花哨,但目前却成为全世界最新潮的凉鞋,甚至被美国著名鞋类杂志评为最佳品牌。

在潮流驱动下,就连美国总统小布什也开始穿上鳄鱼凉鞋"赶时髦"。小布什离开白宫外出骑自行车锻炼,从所拍摄的照片来看,他脚上穿着一双布满透气孔的黑色鳄鱼凉鞋,配以一条黑色短裤及一件白色短袖衬衫,头戴米白色、印有

---

① Http://pic.people.com.cn/GB/42590/5924803.html.

狗仔图案的棒球帽。

小布什这身装扮本来没有大碍，但其致命伤在于脚上一对印有总统标记的黑色短袜，他还将凉鞋的后带拨到前面。报道称，小布什的穿法令本来已经"又丑又怪"的凉鞋，变得更恐怖。

一名时尚专栏记者解释称，黑袜配黑鳄鱼凉鞋实在是小布什的错误决定，这使人联想到一位"老人走向沙滩"。其实这款凉鞋专为乘艇出海的人而设计，鞋子的小洞有助透气及防水，鞋底亦有防滑作用，如果穿上袜子便是自相矛盾。不过，虽然时尚人士将小布什的穿着贬得一文不值，但称他仍有"可取之处"——起码小布什知道穿鳄鱼凉鞋做运动。

不过也有人为小布什辩护称，他这种别具一格的穿着搭配，说不定可以带动新的"时尚潮流"——让人们只要觉得舒服，在任何环境之下穿着都可胡乱配衬。

据传闻称，小布什的这双鳄鱼凉鞋颇有来头。在 2007 年 5 月举行的佐治亚州共和党聚会上，鳄鱼公司主席里克·夏普特意将这双鞋子作为礼物送给小布什，显然是希望凭借总统的名声为公司做"免费广告"。但该公司发言人马特森否认传闻，并表示鞋子是小布什自掏腰包购买。他说："我们从未打'总统牌'，就算总统是非一般顾客，但这款凉鞋适合大众穿着，亦配合他爱户外运动的性格。"

2. 强效应

以"文学家"著称的法国总统密特朗，从小养成爱读书的癖好，在家里可以一连好几个小时一动不动，埋头读书，读的大多是文学名著。密特朗任总统时，轻视经济学，1974年法国总统大选，他为此付出了代价。密特朗被击败的原因之一，是人们认为吉斯卡尔是一个比他强的经济学家。两人进行电视辩论时，吉斯卡尔对统计数字和经济概念的掌握压倒了显然对经济学不能应付自如的密特朗。吃了苦头后汲取了教训的密特朗，终于在 1981 年和 1988 连续两次当选法国总统。

多读一点经济学，还是少读一点经济学，影响着国家到底由谁来当总统，效应还是够强的。

比密特朗早 100 年统治法国的拿破仑一世，也极好读书。他统率大军驰骋沙场时，也常在帷帐之中与书籍为友。他的帷帐简直可以称得上是一个图书馆，所带藏书近千部，其中有宗教书 40 册、叙事诗 40 册、戏曲书 40 册、其他诗集 60 册、历史书 60 册、小说 100 册，此外还有地理、游记、传记、回忆录等。这些书按目分类，每箱装 60 册，整整齐齐地收藏着，以便随时阅览。拿破仑所选的都是小薄本的书，印刷清晰，纸张极薄，便于携带。装帧也相当考究，里面衬着天鹅绒。图书不仅是拿破仑战地上的娱乐和安慰，也是他战略、战术决策时的重要参考资料。如果谁能事先知道拿破仑在收集哪方面的书籍，便不难猜出他的下一个进军目标是哪里了。

同一个领袖的同一种偏好，对于社会不同方面的效应，力度也有差别。

三、效应的跨度

效应的速度和效应的跨度，都涉及时间。效应的速度讲的是偏好发生到效应发生之间的时间间隔；效应的跨度则讲的是效应发生到效应消失之间的时间周期。周期短就是短效应，周期长就是长效应。

1. 短效应

特立尼达和多巴哥总理威廉斯在议会里对付反对党的一个有力武器，就是随时关掉自己的助听器，对反对党议员的攻击，可谓是真正的"充耳不闻"。

日本首相吉田茂在逛动物园时，喜欢对着猴子和企鹅之类的动物直呼政界一些显要人物的名字。他的无拘无束使日本民众感到高兴，但也伤害了他的政敌们敏感的自尊心。

2004年11月，美国总统小布什向两名女阁员大送热吻。在许多美国人眼中，小布什对女阁员的亲昵程度远超过职业需要，美国媒体纷纷猜测吻中玄机。[①]

星期二，小布什在白宫记者会上宣布国家安全顾问赖斯将接掌鲍威尔的国务卿职务后，他在赖斯的脸颊上深情两吻。

隔天小布什宣布新任教育部长将是玛格丽特·斯佩林斯

---

① 法新社华盛顿电。新加坡《联合早报》2004年11月21日。

时，他更进一步往她的嘴角一啄，差一点就四唇相贴。

媒体马上发现情况有异。

《今日美国》问道："白宫玩亲嘴是不是玩过头了？"

它进一步问道：这名"再生基督徒"总统是不是要推行"欧陆"作风？

《华盛顿邮报》对这种说法表示怀疑。

它说："小布什没有表演欧洲人、犯罪组织和时装界司空见惯的那种脸颊两边都来一个的双吻。"

不过，该报承认小布什的热吻已引起"众多议论"。

它说："政治人物在选战里见人就抱，见人就吻，十分平常，但总统对新任命及现任阁员献吻却是另一回事。"

对新任的男阁员，小布什顶多握个手或拍拍对方的背。

评论家认为，小布什对赖斯与斯佩林斯的"特别待遇"，可能与她们相识多年有关。

赖斯是小布什家庭的好友，也是小布什的首任国家安全顾问；而斯佩林斯在 20 世纪 90 年代小布什担任得克萨斯州州长时帮了他不少忙，小布什入主白宫后，她受任为国内政策顾问。

这些效应，将随领袖的去职或是去世而消失。在历史上并不会留下什么痕迹。

选举中为打动选民的一些竞选动作，往往也是短效应。

2004 年的美国总统大选中，据《今日美国》报道，在这场处心积虑的明争暗斗中，政治分析家观察到了一个有趣的现象，那就是这次总统选举似乎变成了一场前所未有的"硬汉"较量。小布什与克里不约而同地向选民推销他们的"男子气概"。①

民主党民意测验专家希林达·雷克表示，如果说以往的总统候选人推销自己的男子气概，是为了得到男性选民的认可，那么2004年的情况有所不同，女性选民也开始对候选人的"硬汉"形象重视起来。杜克大学的政治学家戴维·帕雷兹则指出，2004年两位候选人选择的"硬汉"定位与往年不同。以往的"硬汉"显得太傲慢、太自负，而小布什和克里都试图将自己塑造成美国前总统罗纳德·里根与曾经的"银幕硬汉"、现任加州州长阿诺·施瓦辛格的结合。

帕雷兹说，美国人以前对"力量"的定义太狭窄，总是停留在杀死动物、用利斧伐木等尚武精神方面。而在这一次大选期间，两位候选人成功地为"力量"赋予了新的含义。

他们要么从事一些平民活动：小布什修剪草地，克里投掷橄榄球，两人先后从自己的自行车上摔下来……

要么进行一些贵族运动：小布什在自己位于得克萨斯州的私人湖泊里，以及老布什位于缅因州的私人码头附近钓鱼；克里在自己妻子拥有的度假场所附近玩风帆冲浪或者滑雪……

要么炫耀自己在军事方面的力量：小布什把美国的军队派向世界各地，克里则在全国各地寻找越战老兵……

此外，他们都喜欢光顾靶场和运动器材商店，都曾经在飞机上留影……

雷克用揶揄的口气说："他们唯一没有尝试的只有坦克了。"

---

① 人民网《国际》环球人物2004年9月23日，摘自《新闻晨报》。

1988 年美国大选中，民主党总统候选人迈克·杜卡基斯曾经尝试过以驾驶坦克来展示自己男子汉的一面，但是结果并不理想——不少人认为，戴上头盔的杜卡基斯看上去更像史诺比。

"美国国家步枪协会"在 2004 年的选战中表现活跃。这一组织在美国七八个州的电视网络连续播放一则 30 分钟的政治节目。"国家步枪协会"在节目中称，克里是"美国历史上最反对枪支自由的总统候选人"，因为他曾经支持枪支控制法案。克里对此表示，他自己也不希望得到"国家步枪协会"的支持。不过，和小布什一样，克里仍然希望得到那些枪支拥有者的支持。因为在对大选结果至关重要的 20 个州里，一共有 750 万捕猎爱好者，他们的选择不容忽视。

民主党在以前的总统选举中，曾经因为"强硬"形象塑造不足尝过苦果。2000 年总统大选中，53% 的男性选民把自己的选票投给了小布什，只有 42% 的男性选民选择了戈尔。另外，60% 的枪支拥有者投票给小布什，戈尔的这一数字只有 36%。一些政治分析家认为，戈尔支持枪支管制政策，害他丢掉了新罕布什尔州、阿肯色州、西弗吉尼亚州、密苏里州以及自己的老家田纳西州——拿下这其中任何一州，戈尔都能赢得当年的大选。

另一方面，两位候选人希望通过捕猎、垂钓以及其他一些运动项目来向选民推销自己的亲民形象，显示作为总统候选人，他们的爱好与常人无异。

尽管克里是外交官的儿子、一位律师；小布什是前总统的儿子、曾经拥有自己的棒球队，但显赫的出身并不妨碍他们穿上牛仔裤、嘴里嚼着特大号三明治去参加户外运动。克里声称，自己从小就是垂钓爱好者，因此特别重视环境保护问题。"非常遗憾的是，在美国的 28 个州，你亲手钓上来的鱼都是不可食用的。"克里有一次这样公开表示自己对垂钓的爱好，并借此批评了小布什的环境政策。

两人在表现亲民形象方面可说是各有长处。针对小布什这样一个曾经酗酒的禁酒主义者，克里毫不掩饰自己对啤酒的喜好。而比起克里对于风帆冲浪、滑雪这样的贵族运动的爱好，小布什经常在演讲中说错话以及使用一些俚语，反而显得更平民化、更能拉近选民的心。

政治分析家认为，两位候选人不遗余力地将自己包装成"硬汉"，出自两大原因：

第一，在那些对大选结果至关重要、两位候选人都竭力争取的州，生活着上百万捕猎爱好者和垂钓爱好者，这些人相信，国家的领导人首先必须具备男子气概；

第二，"9·11"恐怖袭击。美国人在经历过这场浩劫后，自然期待国家能拥有一个强硬的领导人，以更好地保护民众。

"硬汉"候选人形象对于吸引那些选情尚不明朗的州里经济欠发达地区的白人男子特别有效。非党派民意测验专家布莱德·科克认为，这些州特指西弗吉尼亚州、俄亥俄州南部、阿肯色州和密苏里州。科克称，小布什对这部分选民传达的信息是："我对恐怖分子非常强硬"；而克里想要表达的是："我也很有男子气概……另外我在振兴经济方面表现更佳"。

2. 长效应

与领袖的偏好的政治效应、经济效应相比，文化效应更容易有较长的时间跨度。这恐怕与文化具有历史的沉淀性有关。

领袖的某种偏好如果能打动人的心弦，将会令人终身不忘。美国总统麦金利总是在他上衣的翻领上戴一朵淡红色的康乃馨花，并喜欢将这朵花赠送给到白宫来的小孩作为纪念。有一次，他一个助手的两个小孩来玩，麦金利把他戴的那朵康乃馨先送给了哥哥，而后又为弟弟从花瓶里挑了一朵。但他没有直接送给弟弟，而是将这朵花先插在自己的翻领上，过了一会儿才取下送给弟弟，以免哥哥可以因为有所不同而在弟弟面前炫耀自己。50 年后，哥哥回忆起这件事说，这是他第一次懂得了行事得体的真正意义，使他在一生中获益不少。

有些领袖偏好的效应，更是依附在历史上，世世代代地传了下来（很多情况是，最早引起它的那个偏好的那个领袖，早已被人遗忘）。

法国国王们，特别是弗兰西斯一世，喜爱古典式建筑，并且请到了许多意大利建筑师。结果，法国的许多公共建筑物都是古典式的。一个显著的例子是罗浮宫。罗浮宫是当今世界最大的美术馆之一。

巴西的佩德罗二世不仅做了 48 年的皇帝，而且还是巴西最早的摄影家。1840 年，年仅 14 岁的佩德罗已经有了一架银板照相机，这在当时是最先进的照相机。皇帝十分热衷于摄影，不但在皇宫内拍摄，外出巡视时也带着照相机，随时拍摄。他还喜欢以摄影会友，当时巴西的一些著名摄影师经常出入皇宫，与皇帝切磋技艺，皇帝还赐封他们为"皇家摄影师"。佩德罗二世留下来的照片有二万五千多幅，题材广泛，内容丰富，而且有不少上乘作品。除了大量皇家生活照片和人物照片外，还有巴西各地以及他出访过的其他国家的风光照片和民俗照片。这些照片为研究巴西帝国时期的政治、经济、文化状况，提供了珍贵的资料。特别值得一提的是，其中还有一幅 1870 年一个中国戏剧团到巴西访问演出的照片。

中国书法艺术中，草书是一个很重要的门类。最早的草书（特别是成为风气）就与领袖偏好有关。草书在东汉时蔚然成风。汉章帝在位时，一位名叫杜度的官吏因为擅长草书受到汉章帝的垂顾。宫禁中的天子，图的是新奇，一时兴起，还下达了用草书体写奏章的圣旨。天子的好尚，功名的激励，促成了草书的发展和繁荣。这个时候的草书，有的还保留着隶书的波挑，翻飞的折笔多一些，笔势字态都显得厚拙。这就是后人指称的"章草"（以皇帝名号命名）。后来，草书略去了修饰性的波挑，使转的笔画多，提高了书写的速度，在简捷的挥运中展现行云流水般的美韶。这就是后人所说的"今草"。到了唐朝，草书在今草的基础上把简捷流便和纵横争折的品格推向了极致。这就是大家熟悉的"狂草"。

中国古代的三国时期，曹操好诗。其诗风格悲凉慷慨，语言古朴自然。以他为代表的建安诗人在文学史上开创了后人称之为"建安风骨"的传统。他的名句"老骥伏枥，志在千里；烈士暮年，壮心不已"，千古传诵。

也是三国时，蜀国有两个文人由辩论文义而发生争吵，又由动口到动手，打得不可开交。刘备让宫中艺人扮演两人，"做其讼阅之状，酒酣乐作，以为嬉戏，初以辞义相难，终以刀杖相屈"。有人认为这就是"后世梨园之始"，即中国戏剧的开端。

关于中国戏剧的祖师爷，还有两种说法，恰好也都与帝王的偏好有关。

早时的戏剧班社都要供奉"祖师爷"像。但各地戏剧班社所供奉者，有的为一老者，有的为一少者。

老者是号称"梨园之首"的唐玄宗李隆基。其像为白脸，黑三须，穿龙袍，戴九龙冠。据史书称，玄宗既知音律，又酷爱戏曲，设梨园馆，选坐部伎子弟三百人，教于梨园，声有误者，帝必觉而正之。玄宗既爱好戏曲，又很内行，不但是欣赏者、组织者，还是演出者。世有"演剧始于唐朝教坊梨园"之说。

少者是自题艺名"李天下"的后唐庄宗李存勖。其像为白脸，无须，穿黄色素服，戴软王帽。据史料记载：李存勖喜欢演戏，知音律，能制曲，颇有艺术造诣，经常涂粉墨扮演各种角色和优伶演戏于宫廷之中，自以为一大乐事。

中国的小说之始，似乎很明确是宋仁宗。在宋仁宗以前，说书人多是口头传诵，内容有佛经故事、历史故事、胭粉、灵怪、传奇、公案等等。宋仁宗令人每日录一奇怪故事送入宫中以自娱。口头传诵的东西就成了书面文字的东西，这就是"话本"。话本的出现，在中国文学史上开辟了一个新纪元。明代以来的章回小说，很多都是由宋代话本演变而成的。

英国的一名知名的新闻工作者认为，好多政坛人士的遣词用字已经使得英语遭受"政策言辞的致命病毒"的侵害。美国总统小布什和英国首相布莱尔的言辞最具典型。①

有 45 年新闻工作经验的英国政治记者汉弗莱斯在他的新书《失言》（*Lost for Words*）中指布莱尔和小布什滥用英语，避免使用动词使得句子失去意义，把名词当成动词来用和不断重复句子，使之"僵尸化"。

汉弗莱斯是英国广播公司电台新闻的播报员。他批评政界人士为了掩饰政策或逃避责任而说些毫无意义的言辞和陈腔滥调。

他对路透社记者说："没有人愿意站起来问：'那到底是什么意思？'因为，大家都认定，如果你不明白那是什么意思，你就有点问题了。"

汉弗莱斯认为，最先破坏英语的是商界巨头。他们为了推广自己的理论而造出荒谬的句子，不理会文法的错误。这类的言辞接着在政治演说中扎根。

汉弗莱斯以经常说"错误地低估"（misunderestimate）一词的小布什为例说，小布什说起英语来，就像是在使用第二语言一样。他称小布什为"政治操纵语言大师"，指他像是在发射扩散力很强的达姆弹一般，抛出自由、真理、民主等字眼，丝毫不考虑这些字眼的细微含义。

汉弗莱斯也把布莱尔列为语言污染大王。他指布莱尔害怕使用动词，说他的演讲尽由些没有动词的字眼，比如说，"新挑战"、"新概念"、"为了我们年轻一代，为了光明的前

---

① 路透社伦敦电。新加坡《联合早报》2004 年 11 月 16 日。

途"或者"在国内和国外，都进入了取得成就的时代"等等。他认为，布莱尔是借此来逃避责任。

汉弗莱斯说："动词把句子同含义联系起来，因此，政界人士很自然地避开它们。"

汉弗莱斯也指责欧洲联盟和世界的媒体使得英语水平走下坡路。

普京精通德语，"恶补"英语。喜欢体育，擅长桑巴式摔跤，1973年获体育健将称号，曾获圣彼得堡桑巴式摔跤冠军。转入柔道后，1975又获体育健将称号。大学开始坚持游泳，并经常参加山地滑雪。芬兰是普京最喜欢的休闲地，经常去那儿度假。业余爱好是读书、欣赏音乐、游泳、钓鱼和看电视转播的足球比赛。作为俄罗斯总统，普京常会做出惊人之举，在车臣剿匪军事行动中，多次亲临前线视察，慰问俄军将士，有时甚至自己驾驶战斗机，鼓舞士气，赢得人心。2004年3月的总统大选中取得71.2%的高支持率，连任俄罗斯总统。①

---

① 周志淳编著：《再看普京》，世界知识出版社2005年版。http：//books. cncvip. net/viewall_book. asp？ id＝75。

第7章 以偏好塑造领袖形象

现代社会的政治家中，流传着一句名言："在实力较量中形象好是成功的一半。"

说起某个人的形象如何，是指其他人心目中对这个人的总体认知判断。狭义的形象，只是由眼观察到的外在的静态的照相似的留影；广义的形象，则除了狭义的形象之外，还包含了由脑的思索得到的内在的动态的透视似的拷贝。在1987年的英国大选，1988年的法国大选、美国大选中，各种民意测验表明，选民们对于理想的完美的领袖形象的共同描绘是：正直诚实，聪明睿智，意志坚强，精力充沛，乐观豁达，风度高雅，和蔼可亲。

对于领袖来说，在选民心目中的形象如何，取决于许许多多的因素。比如，他的仪表、他的性格、他的品质、他的学识、他的修养等等。应该说，最根本的因素，执政前在于才干，执政后在于政绩。但不可忽视的一个因素是，领袖的个人生活偏好，对于领袖形象的塑造，往往有"四两拨千斤"的奇异功力。

一、塑造形象的效应

没有透明的偏好，并不会对领袖的形象发生效应。而任何领袖的个人生活偏好，在已不是隐私、已有意或无意地透明于民众时，就像领袖的一层包装，像一块玻璃，隔在领袖和民众之间。而这块玻璃，可能是色镜，可能是雾镜，可能是凸镜，可能是凹镜，可能是柔镜（色镜、雾镜、凸镜、凹镜、柔镜都是过去摄影时可以加装在镜头前的专用器材，可使摄影达到特殊的艺术效果。现在则可以通过在电脑上，利用专门的软件，来达到这些效果）。民众透过它看到的领袖形象，会有不同的感受。

1. 色镜效应

即偏好像一面色镜使领袖形象镀上某种特殊色彩。

李光耀在 1959 年执政前，新加坡有浓厚的反对英国殖民主义的情绪。在选举中，李光耀总是身着衬衣发表演说，谴责白人的罪恶，将一个反对殖民主义反西方的鼓动家角色扮演得惟妙惟肖，深受民众欢迎。当选之后，李光耀马上抚慰富商巨贾，给外国人送笑脸，叫外国人放心，鼓励他们在新加坡投资，还可以让他们派管理人员来，向他们保证投资和人员的安全。与此相适应，衣着上也一改选举中的衬衣而为笔挺的西装。后来，李光耀谈到他当时的策略是"往左里说，往右里干"。身穿衬衣，无疑就是一面"左"的色镜。

　　日本首相田中角荣，在刚踏入政界时，却事与愿违，用服装给自己镀上了一层不受大众欢迎的色彩。1946 年，28 岁的田中参加日本第二次世界大战后的第一次大选，这也是田中第一次竞选国会议员。在第一次竞选演说前，助手对他的服饰提出了建议：穿大礼服，戴白手套，以表示对当地选民的敬意。田中照办了。可是那天田中的这一套"楚楚衣冠"与会场显得极不协调，太刺眼了，其他候选人都是穿着走雪道而来的满是污泥的长筒靴，衣服多是战时政府提倡人们穿的类似日军军服的"国民服"。而听众的穿着更糟糕，战场上复员回来的男人占大多数，都穿着满是皱褶的衣服，女人穿着劳动裙裤，上面也都是泥水。没有临场经验的田中，挺着胸刚要进行第一次讲演，忽地响起了一片奚落声："把大礼服脱下来！"田中事后追述感想时说："当时被这种气氛所压倒，真有点儿头晕目眩。"提出建议的助手看到与愿望完全相反的效果，不知怎样对田中道歉才好，只得用大衣蒙着头大哭了一场。在这次竞选中，田中以很微弱的票数失败。

　　从政经验丰富了的田中，以后对于服装的运用就很得体了。初任国会议员时，田中还不到 30 岁。在日本那种年龄大是一种资本的社会文化背景里，为了给人以老成持重的印象，田中经常穿咖啡色西装，使人以为他有 40 岁。到田中过了 50 岁，已成为自民党总裁和内阁首相职位的有力竞争者时，日本政界一反常态，出现了"需要年轻有为的领袖"的呼声。为了使自己显得年轻，田中总是穿着藏青色的西服。54 岁时，田中成为日本战后最年轻的首相。

2. 雾镜效应

雾镜效应即偏好像一面雾镜使领袖形象模糊、神秘、虚幻。

印度独立运动的领导人甘地，总是上身赤膊，系着腰布，一副苦行者打扮。给印度民众一种近乎被催眠的感觉，仿佛是不由自主地就要追随他。

美国第一夫人南希素来迷信，日常生活中有许多忌讳，比如不准把帽子放在床上，不在楼梯下走过，等等。

希特勒怪癖很多，令人难以理喻。他迷信"7"这个数字。往茶里放糖，总是7匙。他的亲戚，一个小女孩，曾经很多次非常好奇、非常认真地在一旁暗中计数，想看他出错，但希特勒的一丝不苟每次都令小女孩失望。

希特勒的眼睛天生就很特别，从小就给人深刻印象。长大后为了强化这一特点，他又专门对着镜子练习斜着眼睛看人，每遇见生人，他就运用这一技巧，与对方展开"斗眼战"。

希特勒很爱给人看手相。碰到人总要研究对方的手相，如果他不喜欢，便转身扬长而去。

除了头发、眉毛、胡须外，希特勒总是把全身的毛发都剃光。在公共场合，不论天气多热，他都不会脱掉外套，甚至在接受医生检查时，也不例外。

3. 凸镜效应

凸镜效应就是偏好像是一面凸镜使领袖的形象高大完美。

苏联领导人戈尔巴乔夫有次视察莫斯科近郊的查沃洛夫

国营农场。官员们事先做了精心准备，甚至特别建造了一道阶梯，以便让戈尔巴乔夫可以走下山坡巡视一处马铃薯田。但戈尔巴乔夫来后，却不理会这一套。对那道特制阶梯不屑地挥挥手，不顾身上穿着笔挺的黑色西服，一路从陡坡上小跑下去。惊讶不已的随从人员只好狼狈地跟在他后面。坐在电视机前的观众从这组镜头中感受到的，不会是惊讶和狼狈，而是亲切和振奋。

一位来访的外国领导人发现，戈尔巴乔夫更换了克里姆林宫的家具，至少是更换了接待外国政治家的房间的家具。一张椭圆形的小桌子已取代了那张让人肃穆（甚至窒息？）的长方形会议桌。小圆桌也不再是摆在房子中间而是摆在窗下。桌旁的旧式硬椅子也换成了质地较软的新式棕皮椅子。这位外国领导人说："这些新摆设让人看了很舒服，不像那些呆板的旧式家具使人感到冷漠。这体现了戈尔巴乔夫的开放形象，也有助于友好地进行会谈。"

1987 年，戈尔巴乔夫为赴美同里根总统举行两国首脑会晤，特地从意大利一家高级服装店订购了全套服装。购买服装一事由苏联驻罗马大使操办，他选择了一家最时髦的服装店。由于戈尔巴乔夫不能亲自前往量体裁衣，服装店只得按要求尺寸制出服装草图交给苏联大使，由他转交莫斯科做出决定。

戈尔巴乔夫显示的这种偏好，使他在苏联国内外树立了一个不同于过去苏联领导人的崭新形象。不管是在国内还是在国外，大多数普通民众不是因为他的权力或者能力，而是因为他的魅力而倾倒。

那段时间，在美国，掀起了一阵"戈尔巴乔夫热"。有戈尔巴乔夫头像的运动衫和纪念章成为抢手货，著名女影星穿起了莫斯科式的服装，中学和大学里风行学俄语，到苏联去旅游的人增加了 60%，给戈尔巴乔夫写信的美国人一年多达八万，其中许多人是为了邀请他上自己的家里做客。《纽约时报》推论，如果戈尔巴乔夫参加 1988 年的美国总统大选，会领先于老布什之外的所有其他竞选者。

1988 年 11 月，英国《观察家报》发表一份调查报告说，在除英国外的世界各国领导人中，英国大多数公众最钦佩苏联领导人戈尔巴乔夫。当公共被问到他们最敬佩哪一个外国领导人时，44% 的人回答戈尔巴乔夫，23% 的人回答美国总统里根。《观察家报》说，调查结果表明，戈尔巴乔夫在向西方显示其个人魅力上，获得了惊人的成功。

领袖在个人生活偏好上，如果有某种普通人所不能的超常的智能、技能，也会赢得民众的敬重。

美国总统加菲尔德，经常给他的朋友们表演"双管齐下"，一只手写拉丁文，同时另一只手写希腊文。

美国总统西奥多·罗斯福以自己强壮的体魄为自豪。他在一本书中描述了他当总统时一年冬天在罗克河湾公园游玩的情景，当时那里的冰"刚破裂，……我们按惯例攀登山崖，然后就在小水湾里游泳。那可真是游得开心，穿着冬装和钉有平头钉的靴子游泳，冰冷的河水流动得真快"。他被认为是美国历史上精力最充沛的总统。

1988 年民主党总统候选人杜卡基斯会讲希腊语、西班牙语、法语等好几种语言。这成为他在竞争中争取选民的一个手段。美国的西班牙裔人口达 2600 万，超过黑人人口，他们主要居住在得克萨斯州和加利福尼亚州。在得州竞选时，杜卡基斯大显身手，用西班牙语发表演说，使西班牙裔选民大为高兴。但却苦了采访的记者，不得不临场出高价雇请翻译。

语言才能不及杜卡基斯的老布什，不甘太落人后，也向选民显示他与夫人都会讲外语。老布什在回答一名讲法语的电视台记者提问时，用法语回答说："我会讲点法语。"当记者用法语问老布什夫人感觉如何时，她也用法语回答："很好，今天很高兴。"

一些领袖在某种体育项目上，达到了参加世界大赛的水平。这很能取悦于选民。

新西兰总理朗伊酷爱赛车，曾表示希望能自费（不是由纳税人出钱）参加世界级汽车大赛，终被部下以公务和安全为由加以阻止。

西班牙国王胡安·卡洛斯参加了 1972 年慕尼黑奥运会的比赛。他的女儿克利斯蒂娜公主参加了 1988 年汉城奥运会的比赛。从而谱写了父女两代人参加奥运会的西班牙王族历史。

也有一些领袖的艺术成就达到了相当高的专业水平。

日本首相中曾根康弘，以"诗人"著称。

意大利总理范范尼，以"抽象派画家"出名。

丹麦女王玛格丽特二世也爱好绘画。每个星期四，是她的自由活动日，她就绘画。女王说："我是搞应用艺术的。"她设计邮票，设计舞台背景，给童话、诗歌、传奇故事等出版物配插图。

英国女王伊丽莎白二世爱好摄影。她的许多作品都以丈夫菲利普亲王为模特儿。一幅亲王驾驭马车的照片，被行家们认为是经典之作。

泰国国王普密蓬·阿杜德想要放松的时候，总是拿起他的萨克斯管吹奏爵士音乐。听过他吹奏的知名爵士乐演奏家说，国王的演奏水平很高。

英国首相爱德华·希思9岁开始学弹钢琴，任首相时也仍然每天都弹钢琴。他说："音乐是我一生的支柱。"当年英国人欢庆加入欧洲共同体时，希思作为这一重大历史事件的"主角"却并不出头露面，而是闭门谢客，拒绝记者采访，独自在家里弹琴。希思认为，音乐不是逃避生活，而是为了帮助他在生活中保持心理上的平衡。"没有音乐我就活不下去，就会感到空虚。"有人问，政府和音乐都主宰着他的生活，哪个需要更多的时间和精力呢？希思笑着说："音乐至少努力与政府在同一条道路上前进。"还有人问他，如何将现实的政治与充满幻想的音乐协调一致？希思回答："必须将关系摆对。充满幻想的是政治，而音乐才是现实的。"退休后，希思创建了欧洲共同体青年交响乐团。1988年7月，希思在伦敦指挥著名的皇家爱乐乐团演奏了贝多芬的交响乐，以庆祝他72岁生日。10月，在西班牙巴塞罗那音乐节上，他指挥演奏了贝多芬、德沃夏克和柴可夫斯基的作品，并由英国广播公司录音。

美国总统里根是一个特别的典型。他和夫人南希早年都是电影明星，里根还当过一段时间的体育节目播音员、评论员，这无疑是他们成为"最受民众欢迎"的总统和第一夫人的一个别人难以企及的"得天独厚"的条件。里根是美国在克林顿当选总统之前的三十多年里任总统时间最长的人，也是这期间唯一两次当选并干满任期的总统。

在白宫的一次招待会上，里根对因新片《八月鲸》而得到《纽约时报》赞扬的电影明星贝特·戴维斯开玩笑说：

"如果我得到像你这么好的角色，又能演得像你这么好，那我就不会离开好莱坞了。"里根还借题发挥说："干这工作后，我发现要得到《纽约时报》的赞扬是多么难呀！"

里根夫妇退出白宫后，都曾说过（说说而已？）要重返影坛。南希是因为里根的第一任也是电影明星的妻子晚年主演了一部名为《鹰冠庄园》的长编电视连续剧又声名大震，而向朋友们表示，也要出演一个角色，在晚年的表演艺术上也要击败她的前任（作为里根的妻子）。

里根是因为他任总统时，1981年3月30日遇刺受伤的情节很富有戏剧性，有制片公司计划将此搬上银幕和屏幕。里根得知这一消息后，立即致信这家公司，自愿参与这家公司的拍摄，扮演自己。

如果说里根退休后要重演电影还有点"老本"的话，那么，丘吉尔退休后也说要出演电影，那就纯粹是"吹牛"了。退休后的丘吉尔同意一家制片公司拍摄一部他的传记片。导演选中了美国影星查理·洛弗顿来扮演丘吉尔。当丘吉尔知道洛弗顿因为扮演自己能获得一大笔片酬时，"抗议"说："第一，洛弗顿这小子太胖了；第二，他太老了。这么多的片酬，那还是我自己来扮演好了。"

领袖具有非凡的体育、艺术等才能，更容易树立起受民众欢迎的形象，更容易获得政治上的成功。但不是说，单凭这些才能，就能够成为领袖，特别是受欢迎的、成功的领袖。否则，那就是都由奥运会金牌得主和奥斯卡金像得主来做总统、总理了。巴西足球运动员贝利，有世界"球王"之称，在巴西，贝利的知名度远远超过总统。贝利也曾多次公开讲，他希望参加总统竞选，他肯定球迷们会认为他是一个诚实的人，如果他们选他当总统，他会毫不犹豫地接受。然而，贝利并不能当上巴西总统，政治的角斗场毕竟比足球的绿茵场要复杂得多了。

2004年当选印尼总统的退休上将尤多约诺，赶在10月20日就任印尼第五任总统之前，完成了他的博士论文，于10月2日在茂物农学院的博士学位论文答辩中过关，取得优异的成绩。他的博士论文是"发展农业和农村是克服贫困和失业的良策：一份财政政策的政经分析"。在博士论文的答辩会上，委员会就尤多约诺在论文中提到政府要减少燃油津贴的计划，向他提出问题。他答辩时强调最重要的是不能提高征税比率，而是要增加纳税的人数及缴税者的类别。他说："这样才能在减少津贴的同时又照顾到小人物的利益。"①

本章题例，俄罗斯总统普京的各种"表演"，也提供了一个很好的典范。

4. 凹镜效应

凹镜效应就是偏好像一面凹镜使领袖形象渺小卑微。

日本首相福田赳夫喜欢打高尔夫球。他的球打得跟他本人的风采差不多，飘飘然而潇洒。他自己玩得痛快，同时也让别人玩得高兴。但是，他的球技却不算高明。有一次，一位主持人在电视的星期日时事杂谈节目里，谈到："福田家打高夫球时，夫人打得比福田好。"在多少还有些夫权传统文化

---

① 新加坡《联合早报》2004年10月3日。

的日本社会，这可是一个很丢面子的事。福田闻讯后，认为有损自己的形象，立即打电话给电视台，要求主持人公开声明并收回那句话。

苏联领导人戈尔巴乔夫推行的"新思维"、"公开性"，直接打击了原既得利益集团。因此，很被这些人所反对、所仇恨。他们想到损害戈尔巴乔夫形象的一个手段，就是制作了一盘关于戈尔巴乔夫夫人赖莎生活奢华的录影带，地下发行，试图以此引起民众对赖莎进而对戈尔巴乔夫、对戈尔巴乔夫的改革政策的不满。录影带汇集了赖莎随丈夫访问西方国家时逛时装店和珠宝店的镜头，以此向生活仍很贫困的苏联人民宣布：赖莎和她的丈夫不能与人民共患难。

1865年3月4日，美国总统林肯和副总统安德鲁·约翰逊举行了就职典礼。史学家现在一致认为，约翰逊不是嗜酒如命的人，他一生中只大醉过两次。不幸的是，其中一次正是他参加自己副总统就职典礼的时候，从此给公众留下了一个"酒鬼"的形象。

当时，刚从伤寒症恢复过来的约翰逊曾要求不出席总统就职典礼，以后再单独宣誓就职副总统。但那时正值南北战争临近结束。出生于美国北部伊利诺伊州的林肯希望来自美国南部田纳西州的约翰逊出席仪式以显示全美国的团结。约翰逊当天从外地赶到华盛顿，由于大病初愈，加上旅途劳顿，显得很虚弱。为了使自己兴奋起来，给人一个身体健康、精力充沛的形象，在典礼前连干了几杯酒。不料想，喝过量了。到他走上讲台时，脸涨得通红，双腿明显地打着哆嗦，走得摇摇晃晃。宣誓时，结结巴巴，语无伦次。在如此盛大重要的历史性场合丢尽了脸。事后，林肯总统竭力为他辩护，说：

131

"那天他确有不当之处，但他却不是一个酒鬼。"

5. 柔镜效应

柔镜效应就是偏好像一面柔镜使领袖形象自然亲切、富有人情味。

应该说常人有的七情六欲、喜怒哀乐，领袖也都会有，因为领袖首先也是一个人。但在过去，往往总将领袖的"人性"加以遮掩、加以封锁，不为公众所知。希望在公众心目中树立的领袖形象，与民众的距离拉得越远越好。没有"人性"，只有"神性"。

到了现代，塑造领袖形象的主潮，已经发生了根本的变化。由原来的追求"硬形象"，转换成"软形象"；由原来的编造"神话"，转换成尽力展示"人情味"。也就是说，成功的形象塑造，是与民众的距离拉得越近越好，最好是浑然一体。

为什么会发生这种变化呢？主要有两个原因：一是社会的文化观念已经发生了变化，"领袖是神"的迷信已经被破除。一个政治家如果能够袒怀相向，将自己的人性特别是与常人一样的缺点、弱点表露出来，那才意味着他是诚实正直、懂得自我反省，如果表现得超然于常人之上，反而令人不可信，令人觉得受到了欺骗。二是国家的政治使命的重点已经发生了变化，"剑与火"的时代对权力的争夺是一切，而现在对人的关心成为主题。战场拼杀需要有钢铁硬汉作为领袖，和平发展则要求领袖不仅智力不凡，能干胜任，还要有丰富的内在情感。民众会认为，看上去与平民百姓一样的领袖才会真正地关心平民百姓的生活疾苦并能够真正地解决它。

树立"有人情味"形象的最好方法，就是向公众展现某些个人的生活偏好。

1987 年，英国大选，各候选人争相树立温和的、富有人性的形象。在盖洛普的一次政治指数民意测验中，撒切尔夫人在效率、果断和爱国等方面都获得了高分，但在和蔼可亲和诚实方面，却跌到了最低点。因此，她的政治经理人建议她抛弃英国传统拉票政治中那种大肆攻击对方的战术，而将大部分时间和精力集中在较"软性"的事情上。大选期间，素有"铁娘子"之称的女首相频频在一些与政治无关的电视节目中亮相。目的是向选民展示她的另一面，一个不是"铁"而是柔情似水的、和蔼可亲的，很有女性味、很活泼风趣的贤妻良母。

在一次电视节目中，主持人向观众介绍了几位不同阶层的英国妇女的衣柜，撒切尔夫人也在其中。首相告诉大家，她喜欢的颜色基调是蓝色与黑色，也喜欢栗色和深红色。她常常将旧衣服根据流行式样加以改制，这是她保持服装不落伍的秘诀。夫人说她既不愿意显得不合时尚，也不愿意过于时髦。她还说，参加重要活动或者要干特别的事情，一定不能穿新衣服，而应该穿以前曾给自己带来过好运气的衣服。她还告诉观众，她不喜欢戴钻石或是穿裘皮服装。她最喜欢的首饰是珍珠，大多数场合都是佩戴珍珠项链并配上一副珍珠耳环，使她神态娴雅、落落大方。

撒切尔夫人通过自传向她的选民们透露，不论公务多么繁重，她都坚持亲自下厨房，亲手为丈夫和子女烹调可口的饭菜。

那个时候英国人津津乐道的另外一件事是,撒切尔夫人对自己的那一对孪生子女都十分宠爱。他们都过 30 岁了,和所有的母亲一样,撒切尔夫人也盼望着早日抱上孙子和外孙,因而,时常在子女面前唠叨不休。

那次大选结果,撒切尔和她的保守党取得了胜利,从而使她成为 20 世纪以来任职最久的英国首相。

民众喜爱"软化"的领袖形象,使女性政治家占了不少"便宜"。这些年,各国民选的女领袖特别多,除了撒切尔夫人外,还有冰岛总统、挪威首相、菲律宾总统等等,甚至在极端轻视妇女的穆斯林国家,也破天荒地出现了一个女总理,就是巴基斯坦的贝·布托。

日本也是一个有浓厚的重男轻女文化传统的国家。因此,土井多贺子成为日本社会党委员长后,特别引人注目。有人说,土井是"不像女人的女人"。土井很生气地反驳说,"没有这回事"。不过土井未婚而又从政,和日本的传统女性是有很大差异。为了弥补这一缺点,土井特别注意自己的服装,在蓝色、白色之外,也爱红色、粉红色,配上流行的衬衫,增加自己的女性味,果然大受欢迎。这样打扮的照片印在电话卡上,待电话卡一上市,即被抢购一空;印在社会党的书封面上,书一下子便成为全日本的畅销书。社会党人高兴地看到,他们的女党魁有使硬邦邦的政治变得软化的效果,对民众产生了高度的亲和力。

男性领袖也不甘落后,纷纷制造"软"形象。

在这一点上,当推美国总统里根做得最为成功。特别是当他与夫人南希一起在公开场合出现时,处处表现出恩爱、温馨、热情和"人性",既不掩饰,又不做作,打动了美国内外千千万万的人心。

二、塑造形象的方法

以偏好塑造领袖形象的方法很多，本节列出的几个例子，实是挂一漏万。

1. 读书美容法

领袖的容貌如何，对于形象有重要的影响。这里讲的读书美容法，是一个人生活中的读书偏好会对外在的容貌发生作用。多读书，读好书，有助于树立受欢迎的形象。

美国总统林肯的一位朋友，有次向他推荐某人为阁员，林肯没有接受。朋友问林肯原因，林肯回答说："我不喜欢他那副长相。"朋友感到迷惑不解："哦？可是，这不太苛刻了吗？他不能为自己天生的脸孔负责呀！"林肯进一步表示了自己的看法："不！一个人过了40岁就该对自己的脸孔负责。"

林肯的看法是有道理的。现代科学研究已经揭示，一个人的脸孔会因这个人经验的密度、知识的密度、思维的密度、驱使他去创造去实现某些事的行动的密度而发生变化。或者说，脸孔是一个人"内在累积价值的外观"。个人生活中读书偏好，就会对一个人的脸孔发生作用。一位教育家说过："精通一种技艺或者是完成某种事业的人士，他们的容貌自然具有凡庸之辈所没有的某种气质与风度。读书也是如此。读书而又懂得深入思考的人，与全然不看书的人相比较，他们的容貌当然不同。"读不同的书,效果也不一样。"潜心熟读伟大的思想家、作家的巨著时,的确会使一个人变得与别人不一样,这当然也会显现于一个人的容貌。"

2. 台下练功法

演艺界有句老话:"台上一分钟,台下三年功。"这用于以偏好塑造领袖形象也是很贴切的。用于塑造形象的某种偏好,虽然是属于个人生活,但一旦知道或者是决定它对于形象发生什么作用,就应该在将形象呈现给观众(选民乃自全体民众)之前,有意识地进行练习,而不能全靠"即兴表演"(高水平的即兴表演,也是以台下苦练为基础的)。

法国总统戴高乐和英国首相丘吉尔都以善于演讲而闻名于世。在一次国宴上,戴高乐对一位恭维他竟然不用讲稿也能作长篇精彩发言的外国领导人说:"我写好了稿子,把它记住以后就扔了,丘吉尔也是这么做,不过他从不承认罢了。"

戴高乐自己也曾在书中写道:"现在电视观众可以一面听戴高乐讲话一面在屏幕上看到他了。为了保持戴高乐的形象,我必须面对面似地对他们讲话,不用讲稿,不戴眼镜……这个在强烈灯光下独自坐在桌后的年过 70 的老人必须显得又精神又自然,这样可以抓住人们的注意力。不能用过大的手势和不自然的笑容来损害他的形象。"据行家们讲,戴高乐的电视演讲效果非常好。精准的、几乎是古典的法语,发音之清晰准确简直撇开字眼光凭音调就能传达他的意思。深沉平和悦耳的音调,沉着自信庄重的神态,完全是一位德高望重的长者的风度。可以想像得到,为了达到这种效果,戴高乐私下做了多少练习（单背下讲稿就不是一件太容易的事）。

丘吉尔的演说能使听众入迷，为之倾倒。他既有语言的极高造诣，又有吸引听众的娴熟技巧①。从政之初，丘吉尔的讲话也不是出口成章。每次讲话前他都要起草讲稿，反复润色，记在脑子里，直到能倒背如流，还要对着镜子反复练习讲话的表情、姿态和手势。丘吉尔的儿子有一次对称赞他父亲的即席讲话的人笑着说："这些讲话不可能不好。他将一生中最好的年华都花费在写稿子和背稿子上了。"

3. 表演时装法

表演时装的模特儿，大都非常耐看。但表演的目的，却不是为了让观众看这些模特儿，而是为了让观众看这些模特儿穿的衣服（当然耐看的模特儿更能吸引人们看她所穿的服装）。领袖的衣着，是一种个人生活的偏好，但在一些特定的条件下，衣着本身也蕴涵了十分丰富的信息，对于领袖形象的塑造具有特殊的意义。领袖表演他的"时装"，是要观众"欣赏"它的政治讯号。

---

① 1953 年，丘吉尔"由于他在描绘历史与传记方面之造诣和他那捍卫人的崇高价值的杰出演讲"，获得诺贝尔文学奖。《光明日报》2004 年 3 月 30 日报道，中文《丘吉尔历史著作经典》系列——包括《第一次世界大战回忆录》、《第二次世界大战回忆录》和《英语民族史》共三部 15 卷全景式历史巨著，最近由南方出版社出齐。诺贝尔文学奖得主丘吉尔最重要的代表作，第一次完整地与中国读者见面了。温斯顿·丘吉尔被英国民众选为英国历史上第一传人。他不仅改变着历史，而且也记录和书写着历史，以其从帝国海军大臣到战时首相的核心地位，以其折服诺贝尔文委的精彩文字以其超越历史学家的丰富文献档案，同时也以其穿透历史的深邃目光，撰写了约 700 万字的三大巨著，全方位地展示了千年以来世界地缘战略与国际政治风云变幻的宏大画卷。

领袖 与 大众 的 互动模式

1896 年和 1900 年两次当选美国总统的威廉·麦金利的衣着是：上了浆的衬衫，条纹礼服，白色背心……。据史学家评论：他仅以这身衣着就树立起了总统的形象。

1976 年的美国总统大选中，民主党候选人卡特毫不掩饰地以乔治亚花生农场主的身份出现在选民面前，身穿花格衬衣。他这也是为了树立自己的政治家形象，因为当时的美国选民盼望着一位"平民"总统。卡特果然成功了。

四年以后，观众的欣赏水平发生了变化，卡特的旧装失去了"市场"。领导"时装新潮流"的是里根。

当法国的一批军人对于戴高乐的权威提出挑战时，戴高乐穿上了他的将军制服，在电视上发表公开讲话。他的将军制服，使法国人回忆起戴高乐作为将军、作为战时领袖率领他们抗击法西斯并取得最后胜利的过去，对那些挑战者，也是一种巨大的威慑力量。

许多领袖都很会进行这种着"军装"的表演。

南斯拉夫总统铁托，每次与军事领导人见面，总要穿上元帅制服，以表示他的最高军事统帅的地位。在与文职官员打交道（比如召开中央委员会）碰上有反对意见时，他也是穿上军服，以提醒人们，无论他遇到什么困难，都有军队作为他的后盾。

1988 年 10 月 5 日，智利就军人总统皮诺切特是否连任举行全国公民投票。投票前夕，过去一直着军服的军人总统皮诺切特为树立新形象，总是穿便服在公开场合露面。投票后，皮诺切特的连任计划被否决，反对党并强烈要求还有一年多任期的皮诺切特立即辞职。对此，皮诺切特在向全国发表电视讲话时，重又穿上军服，一方面表示尊重全国公决的结果，

138

一方面也强硬表示决不辞职，决不提前向反对党交权。

4. 加贴商标法

斯大林的一位秘书回忆："在这位苏联最高领导人办公室的墙上，总挂着一张列宁像，画的上方昼夜亮着一盏灯。在斯大林的另一个房间里，有一座列宁的半身像，斯大林每次外出都要把它带在身旁。到了目的地，就让工作人员把它安放在显要的位置上。"斯大林是要以此表明，他是列宁全部政治遗产的唯一正统继承人。

5. 专家会诊法

个人生活偏好虽然是个人的事，但领袖形象则绝不只是个人的事。以偏好塑造领袖形象，单靠自己"跟着感觉走"不一定会有预期的效果。因此需要有专家予以协助，有时甚至是演员（领袖）和导演（专家）的关系。

法国总统吉斯卡尔的形象对于公众有极大的吸引力。原因之一就是在他的身边集中了一批法国最好的宣传专家，吉斯卡尔对他们言听计从。根据不同的场合，专家们提出不同的设计方案，有时衣冠楚楚，有时随随便便。他实际过的是贵族式的与民众隔绝的奢侈生活，但却被专家们打扮得平易近人：在地方的村庄足球队中踢前卫；在大众性的歌咏会中拉手风琴演奏轻松、欢快的曲子；在滑雪场技艺高超地飞驰而下。

多年为英国首相撒切尔夫人担任仪容顾问的戈登·里斯，有"撒切尔风度塑造师"之称。在他的总导演下，一批专家为首相形象精心效力，使"撒切尔夫人风度"征服了全世界。鉴于他的这一功绩，他被英国女王授勋封爵。著名的"撒切尔夫人发型"，即出自戈登·里斯之手。

里根刚入主白宫时，夫人南希在人们心目中的形象是只对昂贵的瓷器和时装感兴趣。后来根据她的新闻秘书希拉·泰勒的建议，做了诸多改进，终于使南希变成一位很受人尊敬的第一夫人。

6. 对症下药法

1976 年美国总统大选，卡特有次在家中接受记者采访。他一面回答问题，一面缝补他的上衣。记者感到十分惊奇，问他："卡特先生，你经常自己缝补衣服吗？""是的。"卡特熟练地用牙咬断手中的线，轻松地回答。卡特的这种举止，正符合当时选民心目中盼望的"平民总统"形象。

里根在 1984 年竞选连任时，已有 74 岁，年龄是个不利因素。为了消除选民们的顾虑，里根在出国访问途中在夏威夷停留时，尽力表现出健康的形象。这天，在记者们的照相机和摄影机的追踪下，里根身穿游泳裤在海滩跑步下海，在海水里尽情畅游，然后又在海滩上玩了好一阵。其间一个助手拿起一个椰子，像传球一样抛给总统，里根轻巧地接住，在深水线上做了一个漂亮的中卫转身动作。见到这一切的选民，觉得里根别说是再干 4 年，就是再干 8 年也没有一点问题。

7. 扬长避短法

法国总统戴高乐晚年因患白内障视力大大减退，如果不戴镜片很厚度数很深的眼镜连同谁握手也看不清楚。但戴高乐认为他的形象不允许他在公众面前戴眼镜。有一次他和他的总理蓬皮杜在车队里同乘一辆车在街上驶过，尽管马路两旁站满了人，但戴高乐一点也看不见。他凑过身问蓬皮杜，路旁是不是有人，他需不需要向他们挥手致意。

过了 80 岁的联邦德国总理阿登纳，在一次会见客人时，尽管谁也没有提到他的视力，但他却摘下了他的眼镜给客人们看，解释说这不是近视眼镜，只是避光镜。他也是不愿意给人造成一个年老体弱、视力不济的印象。

运用方法得当，有时还能将形象上的短处变成形象上的长处。

在政治家中，老布什算是不善辞令的。这使他在 1988 年竞选总统的初期，形象不佳。一次他专门谈到了这个问题，使得他的这个劣势反而变成了优势。他说："我也许不是一个善辞令的人，有时候我也许显得有点儿笨拙，……我生性好静。但是我能听到其他人听不到的那些恬静无声者的心声，即那些养家糊口、缴纳税金和偿还抵押贷款的人的心声。我听到他们的心声，并为之所打动。他们所关心的事情便是我所关心的事情。"这样的话，充满了人性与温情，句句能触动选民的心弦。

三、塑造形象的忌讳

1. 掉以轻心

个人生活偏好对于领袖形象的色镜、雾镜、凸镜、凹镜、柔镜等诸种效应，领袖本人和他的幕僚们都要能够在思想上有清醒的认识，在行为上有主动的把握。一件衣服、一句玩笑、一个眼神、一个手势，诸如此类的个人生活小事，都不可轻视，更不可忽视。一个有志于造福人民，推动社会前进的领袖，要以对历史、对未来负责的胸怀，不断地校正自己的个人偏好。要充分地展示有益于形象的各种偏好，追求最好的宣传效果。要严格约束有损于形象的各种偏好，以免授人以柄，因小失大，千里之堤溃于蚁穴。

法国总统帕特里斯·德麦克马洪以说蠢话闻名。一天，他视察一所学校，校长向总统报告："今年毕业考试获第一名的是一位非洲学生。"检阅时，德麦克马洪在那位学生面前停下，说："啊，你就是那黑鬼吗？将……继续努力吧。"又有一次，他对一名伤寒病患者说："或者死于伤寒，或者因伤寒变成白痴，这我是知道的。因为我曾经得过这种病。"（说出这种话，大约正是伤寒症的后遗症。）

电视出现以后，成为信息传送最快、信息量最丰富、信息覆盖面最普及的大众传媒，也从而能够使民众对于领袖的形象有更直观、更便捷、更清晰和更具体的认识。因此，领袖对于这种技术手段，万万不可马虎。

1960年，美国总统大选，电台听众在收听肯尼迪和尼克松首次辩论时都认为，尼克松已经轻易地战胜了肯尼迪，但是，"看到了"这两个人的电视观众却发现，尼克松没有刮光胡子，在辩论中大汗淋漓，目光也不专注；而站在他对面的肯尼迪却显得是那样的年轻有朝气，身体健康，笑容可掬，稳重而令人感到放心，完全是一副主宰未来的领导人形象。肯尼迪总统的风度，已成为一种典范，至今仍为全世界的记者、作家、政治家和民众所津津乐道。

法国总统吉斯卡尔就是一位仿效肯尼迪风度而获得极大收益的政治家。他认为，只要电视上强调过的东西，本身就具有真理的意义。在电视上出现，讲话的方式比讲话的内容更为重要。不但音量、音色、流畅与否会影响形象，而且眼神、微笑、服装、衬衫以至于领带都会起作用。

日本首相铃木善幸初涉政界时，仍然穿手工缝制的衬衣。平时倒不是很要紧，可有次在电视节目中出现，铃木的衬衫格外显眼，皱皱巴巴，十分寒酸。从那以后，铃木就改穿机器缝制的衬衫了。

在 1988 年美国总统大选中，各位候选人花在竞选上的总费用超过了 3 亿美元（2004 年的大选，费用就更高了①），其中有一半花在电视广告上，购买全国性电视网的播出时间，每分钟即要 3 万多美元。在这些"黄金"时间（"黄金"一样好的时间，也是"黄金"买下的时间）里，各位候选人不仅宣传他们的竞选纲领、政治主张，也展示着他们的个人生活偏好。除了候选人花钱购买的时间以外，美国 400 多家电视台的记者也不眨眼地盯着候选人的一举一动，免费地在每天的各种节目

---

① 据《新京报》2004 年 12 月 2 日报道，12 月 2 日，共和党向美国联邦选举委员会递交了竞选财务报告。这份报告详细记录了小布什为初选所筹得的款项与花费情况。报告显示，小布什私人筹款达 2.73 亿美元，几乎是他 2000 年初选筹款的 3 倍（当时为 1.06 亿美元），电视广告开支花去他大部分竞选经费，为了防止发生 2000 年大选过程中在佛罗里达州出现的重新计票，他还拨出了 1500 万美元备用。大选结束，小布什还有大笔剩余款项，拿出了 1130 万美元捐给共和党全国委员会，另拿出 1680 万美元捐给了白宫历史协会。即便如此，他的竞选账户上还剩 200 万美元。这在近几届的美国总统大选中，堪称奇迹。

中及时地播放有关他们的各种镜头。镜头中出现的民主党总统候选人杜卡基斯，通常穿廉价的灰色服装。评论说，他的服装好像都是国际商用机器公司的服装车间生产的。他的双肩本来就又窄又塌，加之服装不当，给人一种委靡不振的感觉。

女性领袖更应特别注重服饰。菲律宾总统阿基诺夫人，就曾被选为"世界最注重仪表的元首"。有记者问她，有多少件礼服，她不肯正面回答，只说她的服装是菲律宾第一流的设计师的作品。她很少穿相同的衣服，她自己说，她要那位设计师为她提供最新的流行时装。阿基诺夫人经常抱怨她日理万机，有时连梳妆打扮的时间都没有。她说，她的美容师对她在一些社交场合露面时头发的样子感到不安。不过，她对记者指出，女总统和男总统不同的地方在于女总统再忙也得多抽点时间整理仪容。记者问她，在 1987 年 8 月 28 日凌晨发生兵变，叛军进攻总统府和总统官邸的时候，总统是否也打扮了？夫人哈哈大笑说，打扮不打扮正是她那天的一个问题。"如果我是个男的，我只要穿上衣服，梳梳头就行了。但作为一个女总统，就要考虑是不是需要打扮了。总统为打扮不打扮的事发愁也许听起来与其地位很不相称，似乎太不值得。但是，我不能让记者把我刚起床那副模样拍下来，我摸着黑涂上了唇膏，做了简单的化妆。"

2. 唯美主义

领袖形象的外观固然重要，但领袖毕竟不是竞选"亚洲小姐"、"世界小姐"。因此，领袖形象的内涵更为民众所看重。这里所谓的"唯美主义"，有两层意思：

一是忘记了形象的根本在于政绩，而个人生活偏好只是领袖和民众之间的一块玻璃。这块玻璃再堂皇再华丽，也有可能被打碎。注重个人生活偏好甚于注重政绩，对于领袖形象的塑造，实在是一种本末倒置。

二是不问具体的时间、空间条件，所展现的偏好与环境背景不协调。这样也有可能损害形象。

法国国王路易十四，衣着考究，仪表庄严。他的宫廷在有关文化的各个方面都是当时欧洲的中心，是欧洲其他国家妒忌和羡慕的对象。但是，他的光荣在他去世前就已消失。在战争和宫廷上浪费的金钱，使法国人民负上了债务和赋税的沉重负担。临终前，他对继承者说："不要仿效我对于营造和战争的爱好，而要努力工作来减轻我的人民的痛苦"（死之将至而有此觉悟，虽然太晚但也比至死也不认为有错要好一点）。他的灵车经过街道时，喧闹的人群以诅咒作为敬礼，以痛饮来庆祝他的死亡。

1789 年 7 月 14 日（这一天现在被作为法国的国庆日），巴黎民众攻击了象征波旁王朝专制政权的皇家堡垒和监狱——巴士底狱，被迫让步的路易十六由凡尔赛亲自前往巴黎。他戴着由法国新国旗的红、白、蓝三色组成的帽徽，试图以此取悦于巴黎民众。但仅仅这一点，已挽救不了他的王朝和他本人覆灭的命运。

菲律宾总统马科斯的夫人伊梅尔达，外观形象是很美的。但联系到她和她的丈夫的低劣政绩，她的形象剩下的只是丑陋。马科斯当政时，伊梅尔达一人拥有 3000 双鞋子和数以百计的名贵礼服，许多礼服要专程去巴黎或纽约定做。总统府和总统官邸内的每个角落每天都要摆满鲜花。这些都远远超出了人民所能忍受的限度。

马科斯被推翻后，新执政的阿基诺夫人一反前任的奢侈挥霍，厉行节俭，树立了一个受到民众欢迎的新形象。她指定她的一切服装都要在菲律宾国内制作，除非有关国家体面的重要仪式，才会购买新装。除了重要庆典之外，每天用于购花的开支也砍掉了4/5。财政部官员算了一笔账说，马科斯夫妇执政的最后两个月在总统府和总统官邸的费用比阿基诺夫人执政后最初10个月的同项费用还要多，是850万美元对760万美元，若按日计算，是14万美元对2.5万美元。

法国总理雅克·希拉克身体修长、风度优雅、注重服饰，但他并不是像时装模特儿那样来打扮，而是具有传统气质和领导人风度。他的蓝衣服最多，因为蓝色同他的肤色很相配，又适合于重要场合穿。他的服装师说："海军蓝服装最适合于去赴晚宴。他穿海军蓝服装显得既现代又典雅。正是因为这样，我喜欢用海军蓝上衣，深灰色法兰绒裤子、天蓝或白色衬衣和紫红色带条纹的领带来打扮他。他穿上这身衣服可真是帅极了！"当希拉克的体形发生了变化后，这位服装师又劝他更多地穿双排扣上衣，"这会使他显得更潇洒，唯一的问题是他应该经常想到在坐下时将衣扣解开，以便使衣服不致绷得太紧。但他并非能经常做到这一点。"在希拉克早上进行锻炼或挤在市场里体察民情时，这样的服装就不适用了。为此，他的服装师又专门为他设计了用于锻炼的运动服和用于挤市场的便装。

3. 东施效颦

东施效颦是中国古代一个有名的故事，说的是美女西施因为皱眉头而增添了妩媚动人之处，一个叫东施的女子希望自己也像西施那样漂亮，因此也学着西施的样子皱眉头，但她这一皱，就非常地难看了。

在以偏好塑造形象时，也有可能发生这种情况。某领袖的某种偏好增添了他形象的光彩，但别人去模仿他，却收不到预期的效果。

里根总统的形象是极受大众欢迎的。但是，1988 年美国总统预选开始，民主党 7 位争取党内提名的竞争者一起在电视上与选民见面时，却令观众忍俊不禁。原来，他们"英雄所见略同"（不是略同，而是完全相同），都穿着南希夫人为里根总统设计的藏青色西服，打着一色的红领带。本来各具韵味的 7 位政治家，竟在电视屏幕上"平分秋色"，个性都淹没在里根的身影之中了。

继南希之后成为美国第一夫人的芭芭拉·布什，比起 7 位民主党人，就聪明多了。她没有追求南希非常成功的风韵，而是保持着自己的朴实无华、不愿出头露面的特点。她认为，保持人的本来面貌其乐无穷。她不愿意在修饰打扮上耗费精力和时间。有人劝她染染满头的白发、减轻几磅体重以增加风韵。她回答说，那样做有害而无益，年事已高，任何人都无法使一位 63 岁的老太婆变成年轻的芭蕾舞演员。

法国总统戴高乐演讲时，总是背熟讲稿，虽然近视却从来不戴眼镜。他手下的总理蓬皮杜演讲则正好相反，从不花时间背讲稿，虽然不近视却总是戴着眼镜。因为两个人的特点完全不一样。

蓬皮杜第一次以总理身份在议会发表演说时，议会对他很冷淡。他也缺乏在议会里表现自己的能力，两只手臂像电线杆一样撑在讲台上，低着头弯着身子"照本宣科"。

事后有人向他建议："你还是戴一副眼镜吧，这样，你可以眼睛向上看听众，如果需要的话，也可以眼睛向下看稿子，而不引起听众的注意。"

这个"诀窍"帮了蓬皮杜不少忙。

当过经济学讲师的蓬皮杜说："当我发现在议会里讲话并不比在存心捣乱的班级里上课更困难时，我对议会讲坛就不再紧张了。总的来说，要熟悉自己要讲的东西，而不是需要背稿子。要把讲稿背出来，我没有这么好的记忆力。但是对于我所了解的东西，总是可能临时编出话来的。"

很长时期，西服在中国绝迹。改革开放以后，中国领导人率先穿起了西服。从此，西服成为中国改革开放的一个符号、一个象征。

第8章
以偏好变革社会进程

社会变革，是领袖的个人生活偏好可能引发的社会效应中的一种特殊形式（有与领袖偏好完全没有任何关系的社会变革；领袖偏好的社会效应中有好多也谈不上是社会变革）。所谓社会变革，指社会进程主要在政治上非常态地、突然地或加速、或拐向、或停顿、或倒退。领袖的个人生活偏好和这种社会变革的原因，或是一种自觉的联系，或是一种自发的联系；领袖的个人生活偏好和这种社会变革的过程，或具有实质的作用，或具有象征的作用；领袖的个人生活偏好和这种社会变革的结果，或是造福有功，或是造孽有罪。

一、偏好在变革之始

1. 自觉启动

在俄国沙皇彼得一世执政的 25 年时间里，他发动了一系列涉及行政、工业、商业、技术和文化的变革，目标是尽可能迅速地赶上西欧的发达国家。当时，俄国教会崇拜胡须，认为胡须是"上帝赐予的装饰品"。彼得发动了一场剪除胡须的运动。在宫廷宴会上，彼得亲手拿起剪刀剪掉一个贵宾的大胡子。教会公开谴责剪胡须是大逆不道的罪孽，把没有留胡须的人比做公狗和猴子。但彼得坚决推行剪胡须的政策。公开宣布剪胡须是全国公民应尽的义务，要留胡须必须付税购买"留须权"。留胡子的人必须把一种特制的铜牌挂在脖子上，牌子上画着胡子的图案，写着"胡须赋税已交讫"的字样。

古代欧洲中部的高卢人，贵族都蓄长发，罗马皇帝凯撒征服了他们后，命令他们将头发一律剪短，以示归顺。

中国清朝以前，汉人男女都蓄发终身，认为受之父母，不敢毁伤。清兵入关后，定下男子发型，一律剃光前半部分，后半部分梳成长辫。当时有"留头不留发，留发不留头"之说（即不剃头发，就要砍掉脑袋）。到了清朝行将被覆灭之时，剪不剪掉后边那根长辫子又成为是拥戴皇权还是拥戴共和的分水岭。共和派坚定地剪掉了辫子；保皇派坚定地留着辫子，如著名的张勋"辫子军"；中间观望派则准备一条假辫子，根据不同的局势戴上或取下。

2. 自发启动

菲律宾总统阿基诺夫人特别喜欢黄色衣裙，因为黄色对她具有特殊的含义。

当年她丈夫贝·阿基诺遭马科斯囚禁后，以治病为名流亡美国期间，很喜欢一支名叫《缚一根黄丝带》的著名歌曲。歌词大意是，一个囚犯获释后不知能否回到妻子身边。便致信妻子说："假若你让我回来，就结上黄丝带。"后来囚犯回家，远远就望见了妻子系着黄丝带。

贝·阿基诺喜欢这曲子，因为它唱出了自己流亡异乡、渴望回家的心情。

1983年，贝·阿基诺冒险回国。拥护他的人都戴上了黄色标记，以表示对他归来的欢迎。不料他刚步出机舱即遭暗杀。从此黄色在菲律宾又表示着对暴政的抗议和对自由、民主、公正的追求。

继承丈夫遗志的阿基诺夫人，在大选中总是身着黄色衣裙出现在人群中，她的支持者也都带着黄色标记、举着黄色旗子，汇成一片黄色的海洋。

阿基诺夫人竞选总统胜利，菲律宾的专制制度被民主制度所取代。黄色又有了勇气和胜利的含义。

二、偏好在变革之中

1. 实质意义

中国古代的战国时代，赵国的武灵王因为对胡服的偏好而使赵国成为当时国力最雄厚的诸强之一。这就是中国历史上著名的"胡服骑射"的故事。

胡服是当时西北方游牧和半游牧人的服装。上褶下裤，有貂、蝉为饰的武冠，金钩为饰的具带，足上穿靴，便于骑马射箭。胡服的引进，导致骑兵这一新的兵种在中原各国的推广，使部队的机动性和杀伤力大大提高。

胡服是比较高级的文化向比较低级的文化吸收有用部分的例子。而低级文化的民族侵入高级文化的民族后，则主要是一个被高级文化同化的过程。

北魏孝文帝于公元 494 年建都洛阳后，实行了一系列改革鲜卑旧俗的措施。其中之一就是以汉服代替鲜卑旧服。因为鲜卑旧服不合于华夏衣冠传统，也不适宜于中原地区农业社会的生活方式和生活节奏。孝文帝的目的主要着眼于鲜卑贵族，着眼于巩固北魏政权。但也在实际上促进了拓跋部全部同汉族的融合。

2. 象征意义

在中山服之前，中国男子的传统服装是长袍、马褂、对襟式短衫和大胯大腿式裤子。这些服装，是旧时代的象征，既不能表现中国人奋发向上的昂扬风貌，也不适应日益加快的社会生活节奏。而西服又不便于随时穿着，再者，当时西服的面料及与西服配穿的衬衣、领带和皮鞋等，多需要从国外进口，不合中国那时贫穷落后的国情。有鉴于此，孙中山先生创意、倡导了中国男子服装的改革。

孙中山先生以当时南阳华侨中流行的"企领文装"上衣为基样，在企领上加一条反领作为翻领，又将企领文装上衣的三个暗袋改为四个明袋，下面两个明袋还裁制成可随装进东西多少而涨缩的"琴袋"式样；裤子则基本上仿西服裤子而成。

在孙中山先生设计新服装时，给他帮助最大的是一位名叫黄隆生的服装商人。黄隆生是广东人，在越南河内市开了一家服装店。1902 年 12 月，孙中山先生在河内筹建兴中会时，偶入其店购衣，两人因而结识。后来，在政治上追随孙中山先生的黄隆生对孙中山先生关于服装变革的见解也十分赞叹。第一套中山服，就是在他的协助下缝制而成。

据说最后定型的中山服，就是以上衣四袋表示"国之四维"，前襟五扣表示"五权分立"，袖口三扣表示"三民主义"。

美国总统大选 2004 年 11 月 2 日举行，结果 3 日揭晓。出乎意料之外的是，小布什不仅赢得了选举人票，还赢得了美国过半数选民的支持，更有甚者，在小布什旋风之下，共和党囊括了参议院和众议院的多数，形成了小布什独大、共和党独大的政治格局，保守主义席卷美国。

发动伊拉克战争的理由多有争议，伊拉克局势在选前动荡恶化，任内导致大量失业，美国赤字达到天文数字，受到全世界大多数国家包括美国亲密盟友都感到厌恶，更叫美国社会深度分裂的小布什，能够取得如此压倒性的胜利，这一现象不能不让人深思。①

民主党总统候选人克里不仅输掉了选举人票，而且也输掉了普选票，可谓"完败"。综观整个开票过程，从美国东部时间 2 日晚 7 时乔治亚等 4 个州率先公布选举结果开始，克里整个晚上几乎一直处于下风。考虑到在与总统选举同时进行的一些州长和联邦参议员选举中，民主党同样遭到惨败，

---

① 人民网驻联合国特派记者邹德浩："克里大选为何失败"，人民网《国际》深度报道 2004 年 11 月 5 日。

人们有理由认为，民主党的政策、理念和价值取向未得到多数美国人的赞同，需要深刻反思问题出在哪里，并在未来4年进行改革，方可东山再起。

人们在分析克里失败的原因时，不外乎从内因和外因上找起，而内因又是失败的主要原因。

分析家指出，克里此次代表民主党出战，挑战总统宝座，虽然具备天时地利人和种种外因，但失败的内因是，"推销"自己不力、个人形象不够鲜明、政见不够突出，结果功败垂成。

《洛杉矶时报》2004年11月3日分析指出，这次大选，美国民主党总统候选人克里几乎享有把现任总统小布什拉下马的所有必要条件：美国经济委靡不振；小布什发动了一场让美国民众感到伤亡过于惨重的伊拉克战争，而民主党则是空前团结。然而，万事俱备，克里毕竟还是败选。

克里的智囊团当初认为，不受欢迎的小布什将会自取失败，克里只需乐观温和地安抚选民即可。结果，这种温和立场和初战轻敌的态度，使共和党有机可乘，从民主党初选结果明朗化以后开始，就给克里戴上了"优柔寡断"的帽子；同时，克里没有奋起反击，任由共和党诋毁形象，成为了所谓的"墙头草"。

等到克里回过神来，已经到9月中旬了。虽然克里那时决定统一口径，指责小布什的决定都是依据错误判断做出的，但先机已失、回天乏力了。共和党投入了总额1.83亿美元的电视广告，主要都在攻击克里。事实表明，在当前反恐战争还在进行时期，在美国公民普遍对恐怖主义感到焦虑的时刻，这种战略给克里带来了毁灭性的打击。

共和党的广告攻势始于 2004 年春天。他们在各大电视台投放了巨额广告，无情地指责克里过于"优柔寡断"，无法担当总统重任，也无法保护美国安全。共和党一遍遍地反复强调，克里在伊拉克战争问题上立场含糊，前后矛盾，是为了谋求政治利益不惜抛弃政治主见的"墙头草"。

一名媒体战略分析人士指出："小布什在阐述观点的时候，也许非常单调，甚至还带点孩子气，但至少他坚持自己的观点。克里不一样。克里的观点令人迷惑，令选民不知道他的立场是什么。"

人们从媒体中不难看出，小布什牛仔腔调十足，克里则是一副绅士派头。两人虽同是名校耶鲁的毕业生，并同为该校"骷髅会"成员，但美国选民眼中的两位候选人形象却迥然不同。简单说来，小布什是那种可以和你坐下来一起喝啤酒的人，而克里则让人产生距离感，难以亲近。有选民明确表示，虽然小布什常常说话口齿不清，用词出错，但是他的言语、行动乃至政策简单明了，让人容易接受。

另外，克里团队内部有人过于迷信一些"好兆头"和传统的说法，如美国大选中，身材较高的候选人通常能够获胜，克里身高 1.93 米，比 1.80 米的小布什高出许多，但身高没有帮克里的忙。再有，自 1936 年以来的历次美国总统大选，"红人队"如果输掉大选日前的最后一场主场比赛，白宫就会易主。而"红人队"10 月 31 日在主场以 14：28 败给"绿湾包装人队"。但这一延续了 86 年的"红魔咒"这次宣告破产，也没有帮助克里赢得大选。

总统选举的同时，包括俄亥俄、阿肯色等选情不明地区在内的 11 个州对同性恋婚姻问题进行了捆绑式公投，结果，

11 个州都支持明令禁止同性恋婚姻。由于克里反对禁止同性恋婚姻，而小布什支持禁止之，不得不说捆绑式公投对克里不利，对小布什有利。

事实上，NBC 和 ABC 的民意调查都发现，在美国中西部的广大地区，选民对涉及价值观的问题，如同性恋婚姻、堕胎等的重视程度甚至超过了经济和反恐。诸如此类的问题加在一起，使形势大好的克里团队输掉了这次大选。

三、偏好在变革之止

1. 有功于历史

根据这本书写作开始时定下的一个原则，即不搞纯学术、不空发议论，我很希望能够找到适合于这一小节的案例。但在翻阅了我为这本书的写作准备的所有案例（前面几章已用了一些，后面几章也会再用一些，另外还有很多准备"割爱"。本书不能单是或者主要是案例的堆砌，也是开始写作时定下的一个原则）之后，我失望了。也就是说，在我的资料中，我找不到一个这样的案例：完全或是主要因为领袖的某种个人生活偏好而引发的社会变革，在实质的意义上，以今天的眼光来看，是有功于历史的。如果只是在象征的意义上，那当然有许多实例。但象征意义，严格说来，它所代表的那个社会变革并不是因为那个偏好所引发，因此不能说有功于历史的那个社会变革，要归功于那个个人生活偏好。

为什么会找不到这种实例呢？一个可能的原因是笔者占

有的资料还不够充分（如果是这种原因，敬请读者原谅。一个人不可能读遍中文的、外文的、历史的、现代的所有文献。大家一定可以理解。但即使再读了更多的书后能够发现这样的例子，起码也说明这种情况比较罕见）。另一个可能的原因是本来就不存在有这种情况（这不是为笔者掌握文献的有限而辩护，而是提出一种假设）。为什么呢？

首先，在历史（从最远的过去到最近的今天此时）上，称得上社会变革的，只是少数。绝大部分的历史，是以非变革的形式，向前推进的。

其次，以今天的眼光看，有功于社会、有功于人民的变革，在所有的社会变革中，又只是一部分。有些社会变革，是开历史的倒车。有些变革，以当时眼光看，可能是有进步作用，比如"胡服骑射"，但用今天眼光看，则并不一定是进步作用。因为胡服骑射使国力强盛，主要是"军备竞赛"中领先的结果，而且又促成了中原各国新一轮的军备竞赛，造成破坏性更大的后果（骑兵兵种的引进使战争杀伤力更强）。

最后，历史本来就是全体社会成员的历史（这并不否认某些社会成员，比如国家政治领袖，在历史上有更大的作用，有时甚至是最有决定性的作用）。如果历史中社会变革这种重大事件只是由个别领导人决定，而且是由个别领导人的个人生活偏好所决定，那么，这种情况本身就是不合理的。在这种情况下，不会有好的结果（即领袖的某种个人生活偏好在实质上引发社会变革，而这个社会变革又是有进步性的），而只会有坏的结果（专制制度中，最高独裁者确实可以为所欲为。有些人，对历史有功，但并不是因为他的某种个人生活偏好引发的社会变革，因为领袖能对社会发生更大作用、更多作用的，还是他作为领袖的社会性角色。对历史有罪的那些人，却往往是因为某种个人生活偏好而引发了破坏性、灾难性的社会变革）。可以这样说，如果某个领袖的某种个人生活偏好可以引起实质上的社会变革，那这个社会变革对于人民而言一定是痛苦的，反过来就是说，能够为人民带来富裕幸福自由民主公正的社会变革，在实质上一定不只是由某个领导某种生活偏好所引起（本书专讲领袖个人生活偏好的社会效应，讲到了许多对社会有积极意义的效应，但它们都称不上社会变革）。

2. 有罪于历史

这样的例子太多。因为小事成不了大事，但小事却可以轻而易举地坏掉大事。比如单是 100 立方米的泥土筑不成黄河大堤（黄河水全是靠堤挡住。因为河床高出堤外地面几米甚至十几米），但如果在一个地方取走了 100 立方米泥土，则必然造成溃堤。领袖个人生活偏好与社会变革的关系，也是如此。

西周的幽王，特别宠爱一个名叫褒姒的妃子。为了逗得褒姒一笑，周幽王不惜以国事为儿戏。

西周都城，离戎族人很近。周王朝与各路诸侯约定，在大路旁每隔几里修筑很高的烽火台，如果戎族入侵，就点燃烽火，各路诸侯见之则率兵来救天子。

一次，周幽王点燃烽火，各路诸侯都带兵赶来但无战事，又匆匆离去，褒姒见状开心大笑。此后，周幽王为了再让褒姒开心，又几次点燃烽火。诸侯们疲于奔命，却从未见戎人入侵。

过了不久，戎兵真的大举进犯。周幽王赶紧点燃烽火，但诸侯们以为又是寻他们的开心，因此都按兵不动。结果，周幽王被戎人杀死在骊山脚下。

周幽王的宠妃偏好（不是一般的宠妃偏好，是以国事为儿戏的宠妃偏好），使周幽王个人丧命是小，内忧外患使社会动荡人民受苦受难是大。周幽王之死，结束了西周王朝，中国从此进入春秋时代。这一历史巨变，当然不能完全归之为是由周幽王的那几次"玩火"所决定。但周幽王的个人生活偏好，毕竟也是造成这一翻天覆地变化的各种各样变量中的一个变量，而且是一个很重要的变量。

历史，有必然，也有偶然。让坏的偶然的作用递减趋向于零，是人们的美好愿望。保证这个愿望的真正实现，需要现代化的社会制度。

"晋灵公不君"① 是中国历史上很有名的故事。春秋时期晋文公称霸诸侯，传于襄公，襄公又传于灵公。灵公名夷皋，尚在襁褓时被襄公立为太子。襄公死后，立夷皋为君，是为晋灵公。

晋灵公横征厚敛积聚钱财，大肆修建雕梁画栋的宫室，为人荒淫暴虐，以任意杀人（御厨一次烹调不当即被杀死）取乐。他还有个特别的爱好，就是在集市筑高台，在高台上用弹弓射打台下的百姓取乐。主政的大臣赵盾多次劝谏。晋灵公当面说改，可千方百计要置赵盾于死地。他派了个杀手去刺杀赵盾，杀手却被赵盾为国为民的恭敬之心所感动，自

————————
① 《左传·晋灵公不君》。

己撞树而死；他养了条大狼狗，在朝堂上关门放狗咬赵盾，赵盾被曾经救助过的一个甲士帮忙得脱；他又想在酒宴上借机杀掉赵盾，赵盾又在众人掩护下逃脱。经历过很多次刺杀后，赵盾觉得在晋国呆不下去了，于是出走。但晋灵公被赵盾的弟弟赵穿杀死。赵盾回来重立新君。多年后，赵盾后人与另两家，废、杀晋公，"三家分晋"。晋国没有了，被赵国、韩国、魏国所取代。

1988 年，法国总统大选。时任总统的密特朗和时任总理的希拉克（两人分属不同的党派。当时法国是"左右共治"）互为对手。在 4 月 18 日的电视辩论中，希拉克对密特朗说："1984 年，你将猫狗食品的增值税提高了一倍多。我当时作为巴黎市长和一个普通人对你是有怨恨的。"

密特朗反驳说："你谈到了猫和狗。我想我们俩养的是同一品种的狗。你不能独占对猫和狗的爱，我也喜欢它们。"

第9章
领袖偏好的崇民众
心理与从民众行为

中国有句古话："君者舟也；庶人者水也。水能载舟，亦能覆舟。"这是对领袖与民众关系的深刻揭示。在个人生活偏好上领袖和民众之间的这种"舟水效应"，同样存在。领袖偏好与民众相距太远，民众不会认同这个领袖；领袖偏好与民众一致，领袖就更容易得到民众的"偏好"（拥戴）。

一、喜民众所喜

领袖应该视民众为自己的主宰。在个人生活偏好上，要具有善于依从民众意向的见识，勇于对民众承认失误的气度和乐于接受民众嘲弄的雅量。

领袖 与 大众 的 互动模式

1. 善于纳谏

尽管美国总统林肯只留了 4 年的连鬓胡子。但今天在人们的印象中，他一直是留着连鬓胡子的模样。林肯常说，他那富有特色的连鬓胡子应完全归功于纽约州一位名叫格雷丝的 11 岁小女孩。他笑着补充道："有时候一件很小的事情会改变我们的生活。"

格雷丝是一位小学生。一天她坐在自己的小房间里，看父亲为她从市集上买来的一张林肯像片。这是格雷丝第一次看到林肯像，林肯憔悴的面容使她有一种难以言状的感觉。屋里那盏昏暗的油灯晃晃悠悠，在林肯的黑色相片上投下一些不规则的阴影。一块投影晃到林肯瘦削的脸庞上，哎，他那凹陷的双颊不见了，对了，连鬓胡子！蓄连鬓胡子就能弥补瘦削脸型的不足。可他怎么知道要留连鬓胡子呢？得有人告诉他。格雷丝拿起笔，蘸了墨水就开始写信：

亲爱的林肯先生：

我是个 11 岁的小姑娘，很希望你成为美国总统，所以请你不要认为我写信给你这样一位大人物是胆大包天。

你有没有像我一样的女儿？如果有，请向她们转告我的问候，就说我爱她们。如果没有时间写回信就请她们写。我有 4 个哥哥，他们有的肯定会投你的票。但如果你听我的话留起连鬓胡子来，我会说服其余的哥哥也投你的票。你的脸太瘦了，留连鬓胡子后看上去一定会好得多。女人们都爱看男人们留着胡子，你要这样做了，她们一定会叫自己的丈夫也投你的票。这样，你就能当上美国总统了。

爱你的

格雷丝·贝达尔

1860 年 10 月 15 日

　　那时候，几乎每天有五十多封信寄到林肯的竞选总部。但只有来自林肯的朋友及一些重要人物的信件才能通过两位秘书约翰和尼卡莱之手交给林肯。特别是那位尼卡莱，对信件卡得很死。

　　那天早晨，约翰坐在自己的椅子上拆开一封信。

　　"嗨，这小女孩居然也来教老头怎样竞选了。"

　　"扔到废纸篓里去。"尼卡莱马上说。

　　"她倒有个很别致的建议，要林肯留连鬓胡子。"

　　"把信扔掉，继续你的工作！"

　　"哦，不，亲爱的尼卡莱，这个……林肯先生很爱女孩。在街上也常停下来与她们交谈，叫她们'小妹妹'。"

　　"别提什么小女孩，也不要再说什么连鬓胡子。"尼卡莱真是生气了。"你马上给宾夕法尼亚州的那位长官写信，这才是当务之急……"

　　"怎么了，尼卡莱，你已经不是小孩了，应该学会耐心。"从里屋传出了林肯平静的话语。

　　不久，格雷丝接到下面这封回信：

　　我亲爱的小姐：

　　你 15 日写来的美好的信已经收悉。首先，我不得不抱歉地说，我没有女儿。我有 3 个儿子，一个 17 岁，一个 9 岁，一个 7 岁。我的家庭就是由他们、他们的母亲和我组成的。至于连鬓胡子，我未留过。你难道真的认为一旦我留起它，没有人会说这是件傻事吗？

你的非常忠实的、良好的祝愿者

亚·林肯

1860 年 10 月 19 日

1861 年 2 月 16 日，居住在西菲尔德附近的居民都赶到当地火车站，因为听说新任总统林肯乘坐火车去华盛顿途中要在此地停留。格雷丝全家也去了。总统到达后，人群中爆发出阵阵欢呼声："给我们讲话！""发表演说！"

"女士们、先生们，"格雷丝听到一个声音在说，"我没有什么好说的，也没有时间。我在这儿逗留主要是与大家见见面。"

格雷丝有点儿紧张起来，这是他，林肯先生！但她看到的只是一片挥动的礼帽。

林肯的讲话在继续："我这样说，可能女士们又要说我最会讨价还价了。好吧，我乐于承认。"人群中一阵笑声。林肯又说："我现在要提一个请求，请大家挨着我站到我们的国旗下。"

"行！""可以！"在一片如雷的回答声中，举起了无数只手、无数顶帽子、无数条手巾。

紧接着，格雷丝听到她一辈子也忘不了的话："我与你们这里的一个小女孩曾有过一次通信。她很有见解地告诉我如何让我的仪表改观一下。如果她在这儿，我很想与她说几句话。她的名字叫格雷丝·贝达尔！"

格雷丝的父亲拉着她的手，领着她向前走去。格雷丝就这样朝前走着，根本就没有注意到人群为她让开一条通道，然后又在她的身后汇拢起来。她就这样朝着那个呼唤她的名字并要见她的人走去。前面有几级台阶，她父亲抱起她走上一个平台。"女士们、先生们，就是这位小女孩写信告诉我，她认为我留起连鬓胡子会更好一些。"总统停住话。格雷丝感到一双有力的大手伸到她的胳膊下，然后，像失重一样，她飘飘然地被举到空中。在两颊被亲吻后，她又被小心地放下。由于极度的兴奋，更由于密密麻麻的胡子扎在她脸上，她的脸庞像火烧一样。

格雷丝仰头张望着，她看到林肯那张脸上是黑乎乎的连鬓胡子，只露出嘴唇。"你看，格雷丝，我叫它们为你长起来了。"林肯笑着说。

格雷丝手足无措，只顾看着这位平和的伟人。总统拉着她的手，说希望以后能再见到"我的小朋友"。林肯帮她走下台阶，送她回到为她感到骄傲的父亲身边。

总统的专列走远了，然而在格雷丝的心里，她只听到这几个字不断地重复："我的小朋友，……"

今天，在伊利诺伊州林肯的旧居里，一面墙上挂着一个镶有一张信笺的镜框。信笺上是几行充满稚气的字："亲爱的林肯先生：我是个 11 岁的小姑娘……"

林肯的连鬓胡子，弥补了他长相上的缺陷。林肯是因为一个小姑娘而蓄起了连鬓胡子，并念念不忘此事，更凸现了他人格上的高贵。它打动了格雷丝，打动了那个时代千千万万的美国人。时隔一百多年，也打动了我，或许还有你……

2. 勇于认错

领袖不但要像林肯这样精于择善而从，而且还要敢于当众认错。

美国总统老布什不善言辞，屡讲错话。但他很可贵的一点就是从来不怕公开承认自己的失误。

他在一次讲话中说："我希望赞成反对偏见，反对犹太人，反对种族主义。这就是我努力要做到的。"后来他派新闻秘书向记者们说明，他的意思是"反对偏见，反对种族主义，反对反对犹太人。"

老布什在谈到他时常提的"充分就业"这个目标时也栽了一次跟斗。他说，他要确保"每一个有工作的人要工作。"

有次，他追述1981年1月他作为美国副总统和里根总统一起宣誓就职的情景，他说："在我宣誓就任总统前10天……"他将自己当总统的时间提早了8年。

1988年总统竞选中，一次老布什在洛杉矶一家墨西哥餐馆用餐时，几分钟内连犯了三个错误。他在提到电视连续剧《拖网》中的角色乔时，说他是"参议员"，后来又加以纠正，说他是"警官"；他说共和党人曼纽尔·卢汉是墨西哥众议员，其实应该是美国新墨西哥州众议员；他说：他的在墨西哥出生的儿媳"成了一位美国公民，从而她可以为她的祖父……她的，哦，公公投上一票。"

1988年9月17日，老布什在对美国军团发表讲演时，当着一千多名退伍军人的面宣称"今天是珍珠港事件纪念日"，令全场哗然。因为日本偷袭珍珠港是47年前的12月7日，老布什将它提前了约三个月。老布什开始尚未意识到自己的错误，又继续了几分钟。后来喧哗声越来越大，老布什才知道自己闹了笑话，他说："我说是 9 月 17 日吗？对不起，应该是 1941 年 12 月 7 日。"话毕，全场报以热烈的掌声。在后来的另一次讲话中，老布什还就此事开玩笑说："你们都应当投我的票。我在珍珠港事件发生前三个月就知道了这件事。"

3. 乐于受嘲

美国报界有这样一句话："如果政治家受到取笑的话，他们往往便能进一步受到民众的赏识。"作为领袖，受到嘲弄是常有的事，有恶意的攻击，也有善意的玩笑，有时令人恼怒，有时也会令人愉快。一句话，不管是什么样的嘲弄，都应该坦然处之。

美国华盛顿市郊的一个动物园，按照传统，对每年新增加的展出动物都以政界名人命名。这个一年一度的命名活动，吸引了众多的父母带着他们的孩子去观赏。有一次，一只海豚被命名为里根（时任总统），一头小象被命名为南希（第一夫人），一只小羊被命名为老布什（时任副总统）。管理人员说，替这些动物命名很有趣，他们并不是要故意捉弄这些名人，而是希望这些名人以此为荣。

在华盛顿历史悠久的格里迪隆俱乐部，每年一次，包括总统在内的俱乐部成员，都要观看由记者们表演的讽刺总统和其他领导人的滑稽短剧。这些短剧实在堪称不敬，但总统在台下与大家同乐，有的总统还亲自上台客串讽刺自己的角色。

有次演出，杜鲁门总统被描述成一个受某位助理操纵的傀儡。弄得坐在杜鲁门身旁的这位助理忐忑不安，总统反而安慰他说："不要紧，这不怪你。他们是在讽刺我。"

福特总统走路经常摔跟头，成为记者们爱报道的新闻。在那年的聚会上，福特自己上台和一位记者合演了一个总统不慎滑倒的小品，逗得满堂大笑。

鲍勃·霍普 1903 年 7 月 9 日生于美国，早年在《加那利公猫》一片中一举成名，一跃成为享誉全美国的喜剧明星。这位天才的大师多年来以优雅深邃、意味隽永地幽默评点美国社会中的种种弊端，包括联邦政府的各项政策、总统在官场中的作为以及在私生活中的举止。他的朋友曾说，任何涉及美国公众生计的问题，霍普都不会保持沉默。他的表演令人捧腹、令人喷饭而又回味无穷，在公众心目中，他是一位无人与之匹敌的艺术家。历届总统也是非常敬重他，尽管免不了也会受到他的嘲讽针砭。不管是谁入主白宫，霍普都是白宫的常客。有个时期，白宫甚至动过请他出山任职的念头，他回答说："如果我搞政治，谁还来批评政治呢？"

1988 年的一天，在美国威斯康辛州举行的世界赛猪大会上进行了"猪总统的预选"。这次赛猪是由威斯康辛公共服务公司赞助的，椭圆形的跑道上铺着木屑，参加比赛的猪分别冠有争取候选人提名的各位竞选者的名字。比赛由一对农场主夫妇及他们的儿子主持，比赛结果，民主党的"杜卡基斯"和共和党的"老布什"处于领先地位。事情再巧不过，在同一天威斯康辛州真的总统预选中，杜卡基斯和老布什也分别击败了自己党内的对手。

如果说，能当上"猪总统"还多少是件喜事，有着某种带来好运气的征兆的话，那么被政敌骂为是猪就没有一丝快感了。在一张民主党的宣传画上，露齿而笑的老布什戴着一顶帽子，看上去像一个猪头，旁边还写着一行字："你能让你的姐妹去同这个丑八怪约会吗？"

在照片上被换头，是领袖们常常遇到的"厄运"。一次英国一家报纸登出了一幅大尺寸的照片，题为"和撒切尔夫人开个玩笑"。画面是一个足球守门员鱼跃而起扑住一个险球的英姿，但守门员的头被砍掉了，移植上了英国首相撒切尔夫人的头。

二、爱民众所爱

领袖爱民众所爱，则更能被民众所爱。爱民众所爱，最主要的可以概括为爱小孩、爱明星、爱动物、爱体育。当然还不止这些。

比如，美国集邮爱好者占总人口的 10%，美国好几位总统也是集邮迷，包括美国历史上最著名的总统之一富兰克林·罗斯福。

再比如，美国人都爱吃意大利馅饼，1988 年美国总统预选中的 11 位候选人尽管在政治上互相攻伐，但在接受意大利馅饼联营公司的调查时，却非常一致地都表示对意大利馅饼"情有独钟"。多尔的秘书说，多尔"爱吃意大利馅饼爱到发狂的程度"。巴比特的顾问说，他的老板深夜回家途中饥肠辘辘，总是吩咐司机把他载到意大利馅饼店去。黑格的助手说，当黑格还是国务卿时，每逢星期天下午，总要带上儿子，到意大利馅饼店去吃个痛快。真也好，假也好，说这些的政治目的既简单又明确："我与民众是一致的。"

1. 爱小孩

1952年，美国总统预选在新罕布什尔州拉开序幕。一位小姑娘请求争取共和党总统候选人提名的罗伯特·塔夫脱为她签名，塔夫脱拒绝了。塔夫脱生硬地说，他愿同她握手，但是如果每个人都要他签名他就签的话，那他的时间就只能够用来签名，别竞选了。对塔夫脱十分不幸的是，这一幕被电视记者拍下了，并且在电视上重复播出。人们在电视上一次又一次地看到塔夫脱粗暴对待小姑娘的这组镜头，使得塔夫脱在竞选中的百般努力尽付东流。

乌拉圭首都蒙得维的亚一所天主教小学的一位六年级学生里韦拉，1988年年底给苏联领导人戈尔巴乔夫写信，谈到和平与核裁军的重要性，并寄去一幅他的画。画的中央是光芒四射的太阳，周围是乌云，预示着要下雨，雨象征着化学武器和核武器的破坏。戈尔巴乔夫回信邀请这位11岁的少年1989年8月访苏，参加苏联夏令营。

在此前后几天，苏联第一夫人赖莎写信给英国伦敦一所学校的学生，对不能前往看望他们表示歉意。这所学校九年级的六名学生曾给赖莎写信，请她在随戈尔巴乔夫访问英国时访问他们的学校。但戈尔巴乔夫的访英之行因苏联发生大地震而取消。赖莎在信中说："亲爱的孩子们，非常感谢你们的来信和你们热情的邀请。我非常希望能去你们学校，听听你们乐队的演奏，当然也非常高兴和你们交谈。"在这封有赖莎亲笔签名的信中，她说，她把信念给她丈夫听，戈尔巴乔夫也非常希望能去学校看望他们。她最后祝孩子们"快乐、健康、幸福"。

1988 年圣诞节，法国总统密特朗和夫人邀请了数百名儿童到爱丽舍宫做客。小丑、魔术师、杂技演员以及其他艺术家们为孩子们表演了精彩的节目。演出中，一位魔术师走过来，将坐在孩子们中间的总统的领带拿过去，在孩子们的一片叫喊声和欢笑声中把它剪断而又完好无损地交还给国家元首。联欢会最后在共和国卫队乐队的演奏声中，以大家吃点心和给孩子们分发礼物而结束。

日本首相竹下登就职不久，即在东京的私邸接受了《朝日小学生新闻》的两位小记者的采访。采访首相的是两个 10 岁的小学四年级的学生丹下裕康和稻益智子。喜欢读推理小说的丹下问首相爱看什么书，竹下回答说："爱看《少年俱乐部》和《小黑子》。"紧接着，希望将来当钢琴手的稻益诱导着问道："我崇拜莫扎特，首相……"竹下考虑了一会儿后，也说出了自己所崇拜的人。

"您早就想当首相，是吗？"竹下不承认，"我以前压根儿就没有思考过要当首相。我本来是想做医生的。医生没有做成，就当了老师。我当了三年的老师呢！"

最后，谈到了柔道。竹下得意地说："叔叔还是五段呢。"冷不防，首相就在地毯上做出了四五个动作。

分手时谈起各自的感想，竹下说："你们健康活泼，真好呀。"稻益说："您回答了我们提出的一些麻烦问题，我感到很亲切。"梦想着将来当首相的丹下很有感触地说："见到了首相，我比以前更想当首相了。"

对小孩如此，对妇女、对老人、对伤残人也应该如此。美国老寿星卡里尔·怀特夫人 1988 年 11 月 19 日过 114 岁生日时，美国总统里根、当选总统老布什、前总统卡特和福特等纷纷致函向她表示祝贺。

2. 爱明星

有一种说法，世界上有两种人最受民众欢迎，一是体育明星，二是电影明星。在美国收视率最高的电视节目中，就有"两奥"的实况，一个"奥"是奥林匹克运动会，再一个"奥"是"奥斯卡"颁奖大会。

对明星的喜爱，能够感染民众；若与明星有亲密的友情，则更能赢得民众。

佐藤荣作任日本首相期间，曾有许多人请他们夫妇作证婚人，但都被以"公务忙"为由谢绝了。只有一次例外，那就是为由他们夫妇撮合而成的河西昌支和中村和夫的婚礼作证婚人。

这一对新人为什么可以起动"大驾"？原来河西是在东京奥运会上获金牌的日本排球队的队长。河西在教练大松博文的陪同下，首次到首相官邸拜访时，首相夫人宽子看到她身材高大得头都顶到了门框，惊讶得不得了。夫人关心地问到了河西的婚姻。大松说，河西希望对方身高与自己相称，因而一时还难以解决。宽子记在心里，东问西问，为河西找了好长时间。最后，通过侄女婿在自卫队空降部队找到了中村和夫。

空降勇士和东洋魔女亲亲爱爱地结合了，首相夫妇跟在新郎新娘的身后出现在婚礼上时，也满面笑容、满心欢喜。民众见了，也个个高兴。

1988 年汉城奥运会上，土耳其获得一金一银两枚奖牌。这是土耳其 20 年来第一次夺得一枚奥运会金牌。金牌得主举重选手纳伊姆·苏莱马诺尔古成了土耳其国家的英雄。得知获金牌的消息后，土耳其总理厄扎尔立即宣布，他将派出自己的专机飞往汉城，专程迎接苏莱马诺尔古回国。

当金牌得主走下总理专机时，受到了国家元首级的礼遇。总理夫妇拥抱了他，向他赠送了礼物，厄扎尔赠送的是一个古式金质大奖章，奖章的一面刻有现代土耳其创始人凯末尔的像，另一面刻有总理的签名。总理夫人赠送的是一个金质盒，盒内装有一部微型的《可兰经》和一个金质饰物。

从机场出来。苏莱马诺尔古乘坐的汽车罩上了红白相间的外套，象征着土耳其国旗，车上的标语写着"矮个子的伟大人物"（举重运动员个子都不高，厄扎尔的个子刚好也很矮。不知想出这条标语的人，本意是不是"一语双关"）。成千上万的人涌上街头，交通堵塞了几个小时。在苏莱马诺尔古途经的首都安卡拉的主要大街上，人们列队数公里长，载歌载舞，不时抛撒鲜花，高呼"欢迎纳伊姆，你是最伟大的人"。

整个欢迎仪式，由国家电视台现场转播。

许多观察家认为，厄扎尔的这一切，都是一种政治努力，意图是借助明星的荣誉唤起民众的团结感，以赢得当时就他的一项提案而进行的全国公民投票。

加拿大总理马尔罗尼的运气就没有厄扎尔好了。两天之内，大喜变成了大悲。汉城奥运会上，加拿大运动员本·约翰逊在最受世界瞩目、被称为"世纪大战"的男子 100 米短跑中力克群雄拔得头筹，并打破了世界纪录。整个世界都为他骄傲，加拿大人更是荣耀万分。总理亲自致电表示祝贺和感谢。不料想，赛后检查表明，约翰逊赛前服用违禁药品。由此，金牌被剥夺，世界冠军纪录被取消。人被驱逐出境（名曰："提前护送回国"）。这一下，全世界都感到被约翰逊欺骗了，加拿大人更是既愤怒又难堪。马尔罗尼发表讲话说："这对于约翰逊及其全家来说是个悲剧，对于全体加拿大人来说也是一个极为伤心的时候。"

当过日本首相的福田赳夫初出茅庐参加大选时，有过私交的当时全日本最著名的两位女影星之一的入江孝子为其助威。由于大美人的出席，福田每到一处演讲，听众都是超满员。

1988 年美国总统预选开始之前，各候选人就纷纷朝拜好莱坞，以争取得到好莱坞的认可与支持。政治评论家认为，好莱坞就是整个美国的缩影，凡在政治上有宏伟抱负要进入众议院、参议院，要问鼎白宫的政治家，好莱坞已成为其仕途上关键的一站，因为好莱坞对于塑造形象具有重大的政治意义。

军人出生的艾森豪威尔，当上总统以后，特地向好莱坞明星罗伯特·蒙哥马利学习服饰、言谈、举止的要领。

经常地，好几位华盛顿的政治家同时出现在好莱坞。主要是与明星们套交情。

1988 年的总统预选中，民主党的杜卡基斯由于早先与奥斯卡获奖者萨利·菲尔德以及 20 世纪福克斯公司制片人巴里·迪勒有交情，因而在争取明星的支持上处于有利地位。

共和党的多尔得到电影明星《女超人》主角琳达·卡特的好感。老布什在竞选活动中宣布，大明星莱昂内尔·汉普顿是支持者。

拉明星助威不可弄巧成拙。1988 年法国总统大选，法国著名女影星阿佳妮说了候选人希拉克几句好话。希拉克的竞选班子如获至宝，以此大做竞选广告。不料女影星竟不买账，在电视上公开发表声明说竞选广告歪曲了她的本来意思，并表示她拒绝被人利用，卷入政治斗争，弄得希拉克好不尴尬。

有明星助威，也不能确保取胜。法国的世界级超级影星阿兰·德隆公开说，在众多总统候选人中，他对两人最有好感。一个是巴尔，因为"他的思想最接近戴高乐"；另一个是勒庞，他是阿兰·德隆 25 年的挚友。但这两个人都落选了。

除了体育明星和电影明星以外，其他方面的名人对于领袖也有同样的作用。

美国总统海斯，是美国历史上争执最激烈一次大选的受益者。著名作家马克·吐温的游说，为海斯入主白宫，真正是立下了汗"马"功劳。

卡茨是荷兰 16 世纪深受民众爱戴的作家（也任过大议长），他的寓言诗到现在仍然是荷兰家喻户晓的名言。荷兰现在的首相府，即是卡茨当年的居所。吕贝尔斯首相说："不论谁当首相住到这里，除办公室和卧室外，都原封不动地保持着卡茨当年的生活原貌，并尽力加以维护。我也常从卡茨的名言中，得到教益和力量。"

1987 年英国首相撒切尔夫人竞选连任时，英国著名作曲家安德鲁·劳埃德·韦伯为她谱写了竞选主题曲。夫人的竞选顾问说："我们需要向前看的振奋人心的主题曲，韦伯先生干得很好，这首主题曲确实很有感染力。"

领袖和明星的友谊，使得双方都可以相互受益，即将各自的影响扩散到对方的追随者、崇拜者之中去。法国巴黎号称"世界时装橱窗"。它的时装设计的两大星团，或曰两大流派，都与领袖人物有密切关系。现代派泰斗的每次时装表演，"右派"首领希拉克的夫人都出席捧场；而古典派巨头的新作品展示，"左派"掌门人密特朗的夫人也亲临喝彩。

3. 爱动物

1988 年美国总统大选中，共和党总统候选人老布什的夫人芭芭拉出了一本书，专门讲她对动物的喜爱。

老布什入主白宫后两个月，总统发言人在一次记者招待会上宣布，总统夫人的爱犬米莉生下了 6 仔。为让平时与总统夫人同居一室的爱犬顺利生产，总统夫人亲自为爱犬接生，总统则搬出卧室，另觅睡觉的地方（因为生产时间用了 5 个小时）。

猫和狗作为宠物，在西方国家已被看成是家庭的一员，家养猫狗的普及率，美国为 80%，西欧为 50%，日本为 25%。在普及率不算高的日本，出售猫狗和以猫狗为中心的各种商品的猫狗市场，年销售总额 1978 年为 3 亿美元，10 年后为 23 亿美元。其中，动物服务项目的核心是动物食品，据日本动物食品业协会估计，年市场规模达到 10 亿美元左右。

本章题例中，希拉克意在作为民众的普通一员和政治代表，批评密特朗的政策不利于养宠物的民众，衬出密特朗的不近人情，把密特朗推到民众的对立面。但密特朗也不愧是一位政治角斗场中的老手，巧妙的回答将希拉克的攻击锋芒完全化解。

美国总统尼克松早年作为艾森豪威尔的伙伴竞选副总统时，用一篇著名的《契克斯演讲》，使自己的政治生命从垂危中康复过来。

"契克斯"英语意为棋盘，是尼克松家一只小狗的名字。竞选中，有报纸揭露尼克松曾接受贿赂，这使共和党处于十分不利的地位。主要的报界和政界人士都要求立即抛弃尼克松，不让他作为副总统候选人，而艾森豪威尔已经倾向于同意。

经过安排，尼克松发表了一个全国性电视讲话，为自己辩解。他说："在我被提名为副总统候选人后，的确有人给我们家送来一件礼物，那是我们动身进行这次竞选旅行前的一天，火车站通知我们说有我们一个包裹。我们去取了这个包裹。你们猜是什么东西？"尼克松像讲故事一样，吸引了听众和观众。"打开包裹一看，是一只板条箱，里面是一条西班牙长耳朵小狗。小狗全身有黑白相间的斑点，像棋盘一样，十分可爱。我们 6 岁的女儿喜欢极了，给它取名为'契克斯'。大家都知道，小孩是喜欢狗的。因此，不管别人说什么，我们一定要留下这只狗。"

演说打动了千千万万的美国选民。所谓贿赂，不过是一只逗小孩喜欢的小狗。尼克松的爱小孩、爱小狗，当然可爱；由此受攻击，当然可同情；由此攻击他的人，当然可恨。赞扬、支持尼克松的电报雪片般飞进共和党竞选总部。尼克松留在了候选人名单上，而且和艾森豪威尔一道赢得了选举

（尼克松两次当选副总统，后来又两次当选总统。若不是这个"契克斯"，恐怕一切都免谈了。虽然在"水门事件"中"契克斯"再帮不上忙了，但那已经是另外一回事了）。

虐待动物，会给领袖带来很大的麻烦。报界、民众、领袖对这个问题都相当敏感。

美国总统林登·约翰逊有次开玩笑地提起一只狗的耳朵。这个行动大大地触怒了全美国爱狗的人。

1904年11月，一家美国报纸突出地刊登了西奥多·罗斯福总统的孩子们折磨一只火鸡的消息。据这则消息说，这只火鸡是白宫收到的一件感恩节礼物，总统的儿子们在节日前几天从条笼里将火鸡放出来，驱赶它围着草地打转，同时不断地拔下它的羽毛，直到这个可怜的生物倒下为止；而总统一直站在旁边，对恶作剧捧腹大笑。除这则消息外，这家报纸还专门就此发表了社论，批评罗斯福的冷酷。

白宫立即对此做出了强烈的反应，指出报道"没有丝毫是事实"。白宫发言人说，火鸡活得很好，总统一家不仅谈不上折磨这个动物，还非常欣赏它的美丽，舍不得在感恩节吃掉它，决定一直养着它。他敦促记者们到火鸡的饲养处去核实这则消息。

对那家发了消息的报纸，白宫采取了严厉的报复措施，通知政府各部门不给它提供采访便利；以至于政府的气象局也不让这家报纸得到每天的天气预报，直到这家报纸完全认输。

在此以前，白宫还突出宣传过西奥多·罗斯福对小动物的慈爱之举。讲总统在一次狩猎时，不忍心射杀一只小幼熊，因为它太小了。这件事受到了普遍的赞扬，并由此导致了一个新词"Teddy bear"增添到英语词条中，今天我们在英语

（或英汉）词典中能找到它（总统西奥多的英文是 Theodore, Teddy 是其昵称。故 Teddy bear 的中文译法应是"特迪熊"，交待了它的特殊含义。笔者见到许多国内的英汉词典，将这个词都是译为"玩具熊"，令人不知其所以然。台湾出版的英汉词典笔者见到不多，但手头有一部梁实秋先生主编 1977 年远东图书公司印行的《远东英汉大词典》对 Teddy bear 的译法也是"一种有绒毛的玩具熊"，令人遗憾）。

为纪念罗斯福不射杀小熊的善举，一位玩具商推出了玩具熊，命名为"特迪熊"。从此，近一个世纪，特迪熊以其独特的魅力赢得了美国人的欢心，畅销不衰。小孩子特别喜欢它，它那张开的双臂、饱含温情的眼神、可亲可爱的憨态，给孩子们一种"母爱式"的慰藉。美国一位心理学家曾对一千多名儿童进行过 4 年的调查，发现其中 60% 的儿童认为他们的"第一安慰"是父母，"第二安慰"就是特迪熊。

但领袖对动物的宠爱也不能过头。有一年，西奥多·罗斯福在提出他的行政预算时，要求国会拨 6 万美元维修白宫，拨 9 万美元维修和改建与白宫毗邻的马廊。国会和舆论界对此愤怒得大喊大叫，认为总统对于他的马过分重视了。罗斯福一看苗头不对，立即修改了他的预算。

4. 爱体育

爱体育可以用这样几种方式表现出来，除了前面已讲过的爱体育明星外，还有关心体育活动、喜欢观看体育比赛、经常参加体育锻炼（如有某种高超的体育技能那就更好了）。

美国总统老布什为 1988 年大选写的自传中讲，他的业余爱好是体育，棒球、橄榄球和网球都打得不错。在读大学时，还担任过耶鲁大学棒球队的队长，为学校夺得了大学联赛的东部地区冠军和全美的亚军。

赞比亚总统卡翁达在获知赞比亚足球队在汉城奥运会上以4比0的比分大胜意大利队之后，高兴地说："今晚，我可以香香地睡上一觉了。"他还说："这是赞比亚伟大的一天。"

与卡翁达相反，韩国总统卢泰愚因为运动员在汉城奥运会上的金牌数为世界第四、亚洲第一这一历史性辉煌战绩，兴奋得几夜睡不着觉。

津巴布韦前总统卡南·巴纳纳，公务外的大部分时间是在足球场上度过，或踢上几脚，或观看运动员的训练、比赛。他曾为国家足球队举行过一次联欢会，会上他写下了一份遗书："我死后，请把我葬在足球场下面，使我们国家的足球运动员感到，我们的球队是12个队员在参加比赛。至少我可以在队员比赛时和他们在一起。"这可真称得上是爱足球"爱得要命"、"爱得要死"。

约旦国王侯赛因最喜欢的体育运动是滑水。

芬兰总统毛诺·科伊维斯托喜欢滑雪、打排球、骑自行车。

西班牙国王胡安·卡洛斯也酷爱骑自行车运动。多年来，每到周末，他都要练习骑自行车。国王全副专业自行车运动员的打扮与装备，有时同他的自行车队一道，有时只带一名教练，骑车奔驰在阿尔卑斯山的环山公路上。他的教练员说，国王为人十分随和，如果骑车时有人超过了他，他丝毫不会感到不快，不过，大家都会给他留这个"面子"。

汤加国王图普四世，因他的300磅体重而举世闻名。虽然汤加王国的臣民们认为国王肥胖才是国家之福，但图普四世为健康着想，有时也骑自行车锻炼。不过这个国王骑自行车就更加麻烦了，国王每次跨上车前，保镖们都要反复仔细检查自行车是否牢固，是否承受得了 300 磅的重量。①

巴基斯坦号称"曲棍球王国"，曲棍球为"国球"，每当有重要比赛，齐亚·哈克总统或亲临赛场、或坐在电视机前，每场必看。国家队赴国外参加国际大赛，总统每天都要给球队打一次电话，谈他看电视转播的感想，鼓励队员斗志，为下一场比赛出谋划策。球队归国，哈克总要在总统官邸亲自设宴，为健儿们接风洗尘。

三、为民众所为

领袖个人生活偏好的崇民众心理与从民众行为还表现在，不可忽视民众所看重的小节，不必掩饰民众所好感的缺陷。

1. 小事不小

有一次，英国首相撒切尔夫人设宴招待音乐界知名人士。上菜时，一位侍女手托虾盘，不小心绊了一跤，把盘子摔到了地上。撒切尔夫人见状，马上趋前将侍女扶起，安慰她，

---

① 14 岁那年，当时还是王子的图普四世是汤加顶尖运动员之一，擅长撑杆跳、网球、板球和赛艇运动。但后来，同很多国民一样，国王逐渐发福，并患上肥胖引发的疾病。1976 年，体重 209.5 公斤的图普四世被吉尼斯世界纪录列为最胖国王。20 世纪 90 年代，图普四世带领全国约 10.8 万名国民开展减肥运动，他本人体重也下降到大约 130 公斤。

让她回房休息。接着她又卷起了裙子，屈膝拾起虾并擦干净了地毯。

美国当选总统老布什1988年圣诞节携夫人同黑人基督教徒们一起，在一座教堂里做了圣诞礼拜。礼拜开始前，牧师对老布什说："今天你能同我们一起共度这个神圣的日子，我们非常高兴。祝愿上帝与你同在，并以上帝的名义使你业绩增辉。"教徒们祝愿他以"同情、远见、智慧和力量"领导美国。老布什坐在第二排长凳上，没有发表讲话，但同唱诗班一起唱了圣歌。礼拜后，记者问芭芭拉夫人将给当选总统什么圣诞礼物时，她回答说："一个深情的吻。"

第二天，老布什对记者们说，他得到的最好的圣诞礼物是获悉他的儿子和孙子圣诞节时在苏联灾区向灾民们分发药品、毯子、衣服和儿童玩具。老布什说："这件事非常感人，非常恰当。它说明了我们的感情，我们希望对那些遭到不幸的人们有所帮助。"

英国王储查尔斯1988年11月14日度过他的40岁生日。1500名年轻人在伦敦贫民区一个已停用的电车车库为他举行了庆祝晚会。晚会上，王储同一个黑人女子跳了一场加勒比风格的舞。事后，这位女子说："他真了不起。"

1988年巴基斯坦大选时，其他竞选者都是乘飞机旅行，分娩不久的贝·布托却总是乘火车游说各地。火车是巴基斯坦普通民众的常用交通工具，贝·布托此举深受欢迎，好多次因为狂热的人群围观和欢呼，火车不能正点发出。大选结果，贝·布托取胜。

美国总统海斯的夫人露西，在每次白宫招待会上都按丈夫意思不上酒，只以其他饮料待客。人们高兴地称她为"柠檬露西"，"妇女基督教戒酒联合会"为此给予第一夫人高度赞赏。

日本首相佐藤每到星期天总想出去钓鳝鱼。如果能够如愿，总是能够满载而归。然后，亲手剖洗、烹饪。他常开玩笑说："我最擅长的就是开个鳝鱼馆。"孩子小的时候，佐藤经常给他们洗澡、换尿布。如果夫人要求，他还能干点木工活。铺床叠被的事也肯出手去干。另外，他的内衣全由自己洗。他说："洗洗衣服，手还可以干净干净。"有次在首相官邸的浴室里洗内衣时，被年轻的女佣人看见了，感动得不得了。

马来西亚总理穆罕默德·马哈蒂尔每周星期天的上午都去逛超级市场。在为家中采购物品的路上，他随身带着一个小笔记本，记下他所发现的各种细小的问题：这里的一个交叉路口有些纸屑、果皮等污物；那里的一幢公共建筑物需要重新油漆。

买好所有要买的东西之后，他便回家，去干他一个星期中最喜欢干的轻松事——做星期天午餐。

到星期一上午举行内阁会议时，他把那个小笔记本拿出来，在讨论议程上的第一个问题以前，先将小本上的事一一列出，责成有关的部长去处理。

总理说："星期天采购对我还有另外的好处，我是乐此不疲的。我喜欢去挑选食品，看看价格。但是，更为重要的是，这是接触人民、了解情况的极好机会。有时人们看到我感到很惊讶，但这并不妨碍他们畅所欲言。他们告诉我各种各样的事情。要是我老待在家中或办公室里，我永远不会知道这些事。"

总理举了一个例子："1987 年我到温哥华去参加英联邦会议期间，我们这里的马来人和华人之间出现了紧张局面。我回来后，听说人们开始不让小孩去上学了，还有其他一些表明局势紧张的迹象。但是我在星期天去采购时发现了一个最重要的迹象，超级市场的货架上没有什么东西了。老板对我说，人们已经开始贮存食物和用品。这时我明白我们非得赶紧行动把麻烦消灭在萌芽状态不可了。所以你看，采购对于我来说不仅仅是一种消遣，它还是借以了解人们情绪的一个风标。"

2. 错事不错

人都有缺点，有时缺点反而是可爱的。

美国总统安德鲁·杰克逊的贫苦出身和富有传奇色彩的经历，使他兼有边民的粗犷豪迈以及贵族的轩昂气派。1828 年总统竞选中，他的对手印发了一本厚厚的书，书名为《杰克逊从 23 岁到 60 岁的言行录》。书中列举了杰克逊的 14 次斗殴事件，说他粗野无知，是一个好斗的闹事者。

杰克逊多次拔枪与人决斗，大都是为了他的夫人。因为夫人是与别人离婚后与他结婚的，招致了不少风言风语。有人说："三十多年来他一直持枪在手，随时准备对付任何敢于毁坏他妻子声誉的人。"杰克逊的信条是："如果有人攻击你或是诽谤你，不必到法庭上去控告他，还是由你自己去设法解决为是。"

1803 年，杰克逊和田纳西州州长约翰·塞维亚进行了两场枪战，原因都是塞维亚对杰克逊夫人出言不恭，所幸都未致流血。

1806 年，发生了轰动一时的"迪金森事件"。由于迪金森亵渎了杰克逊夫人的名字，杰克逊非与他决斗不可。在正式的决斗中，杰克逊被打断了一根肋骨，而迪金森命赴黄泉。

1813 年，杰克逊与班顿、杰西两兄弟决斗，这次杰克逊的左臂中了一弹。

……

然而，出乎对手的意料，杰克逊胜利了，而且他获得的民众选票比他之前的任何一位总统都多。杰克逊的时代，正是美国向西部推进的时代。人民觉得杰克逊是他们的英雄和代言人。对手的攻击性材料，不仅对杰克逊没有损害，反而提高了他的声望。

在 1829 年 3 月 4 日总统就职典礼那一天，成千上万的支持者涌进首都，举行疯狂的庆祝活动，场面空前的壮观。

1832 年，医生将埋在总统身上近 20 年，在与班顿兄弟决斗时被打中的子弹取了出来。杰克逊将子弹还给了它的主人，已成为杰克逊的拥护者的班顿参议员。

1849 年就任美国总统的卡扎里·泰勒，一贯不修边幅。他的职位越高，越不讲究衣着。头发总是乱蓬蓬的，有时戴一顶破草帽。经常穿一套故意裁剪得很肥大的黑色衣服。在墨西哥战争中，他是一位将军，但却从不穿制服，而是穿一身老农的衣服。骑马时，常常采取侧骑的姿势，把双脚放在马的同一侧，在战场上更是如此。这些使他获得了"精悍的老粗"的绰号。前任总统指责他是"鲁莽汉"，但泰勒的不修边幅，却成了他竞选总统时的政治财富。那时的美国人喜欢他戴破草帽穿老农衣服率领士兵投入战斗的形象，而不喜欢他的对手的讲究和一本正经。

领袖 与 大众 的 互动模式

1976年，美国总统大选。有报刊指责民主党总统候选人卡特是个持偏见而又伪善的基督教原教旨主义者。为了消除人们的这种成见，卡特接受了《花花公子》杂志的采访。他对采访的记者说，他尽最大努力不去违反教规，但有时也力不从心，因为他毕竟是个人，而人总是要受到外界的诱惑。

"我也难免要带着色欲去窥视女人。但在这一点上上帝是会宽恕我的。"卡特说，"有些人背着妻子和别的女人同居。"卡特认为自己并不比这种人好多少。

卡特毫不掩饰地承认，在一次宴会上，自己的视线一直离不开隔着一张桌子坐在他对面的伊丽莎白·泰勒，一位艳丽诱人的好莱坞著名女影星。甚至当泰勒向他致意时，他好像一点没有听见她的话，还尽顾自己出神地凝视着她。

"好吧，卡特先生。"最后她不好意思地说。

卡特如梦初醒，忸怩地向她道歉："我很对不起，刚才你讲什么，我没有听见。"

这篇采访记发表后，有人看了大为震惊，有人感到非常有趣，但多数选民却认为他坦率得令人耳目一新，令人增加对他的信任。大选结果，卡特登上了总统宝座。

自从德国女总理默克尔上台后，反对者便一直指责她提高税率的政策就像"新司机在猛踩油门"。而在德国"金方向盘"奖颁奖典礼上，默克尔颇为坦荡地承认自己的车技的确不够娴熟。她甚至首次透露，当年为了考驾照，还曾不得不向考官行贿。①

---

① 《青年报》2006年11月12日。

加拿大渥太华一家珠宝店为招徕顾客，秘请一位酷似总理夫人米拉·马尔罗尼的妇女多次光顾。这一招果然奏效，使其生意兴隆，财源滚滚而来。后来有人发现有诈，认出那位妇女并不是真正的总理夫人，向店主提出抗议。老板不慌不忙地回答："我从来没有说她是米拉·马尔罗尼。"

第10章
民众偏好的崇领袖
心理与从领袖行为

　　领袖偏好的崇民众心理与从民众行为和民众偏好的崇领袖心理与从领袖行为，互为逆过程，两者之间存在着一种互动效应。

　　但两个过程也存在着显著的差别。领袖对于民众的推崇与顺从，真心也好、假意也好，主动也好、被动也好，有意识也好、无意识也好，过程的流向是由社会到个人（即领袖个人适应大众社会），动力源和效应都比较简单，主要是领袖赢得民众认同的一种政治本能或政治艺术，影响着领袖在民众中受拥戴的程度及其政治生命力的盛兴衰败。

　　民众对于领袖的推崇与顺从，过程的流向是由个人到社会（即大众社会适应领袖个人），动力源和效应都比较复杂，下面将展开分析。对这种社会现象，领袖可以加以引导，以改变社会消费模式；商人可以加以利用，以推销自己产品大赚其钱。

一、民众的迎合

"领袖热"，是社会消费模式中一个很有意思的现象。民众对领袖的迎合，不仅热在爱领袖所爱，而且热在爱领袖所不爱，或者说，是既热领袖所"热"，也热领袖所"冷"。凡与领袖沾边的，不管是新领袖的新奇，还是古领袖的古董，不管是吃的、穿的、用的，还是听的、看的、玩的，都热得迟炫目、热得烫手。

1. 热领袖所热

中国有句古话，叫做"上有好者，下必甚焉"。美国著名的未来学家约翰·奈斯比特在他的名著《大趋势》一书中也指出："趋势的发生是自下而上，而风尚的流行则是自上而下的。"

据新加坡《联合早报》报道①，参加亚太经济合作组织峰会的 20 名领袖在上海穿着中国传统织锦缎唐装一起亮相，令人赞叹，在中国掀起一股唐装热潮，许多中国人决定也买一件宠一宠自己。北京裁缝师吴梦凡说："我应该感谢亚太经合组织峰会。"他说，唐装最近几天大销特销。在露天市场和百货公司，寻找这种传统丝绸服装的顾客显著增加。吴梦凡说："领袖们穿上我们的唐装似乎使许多人惊觉这些服装的魅

---

① 新加坡《联合早报》2001 年 10 月 26 日。

力所在。"星期一，亚太经合组织各经济体领袖穿上五颜六色唐装的照片在中国全国各地报章上出现，北京大新纺织品商店的一名主管对法新社说，过后，人们就对传统丝绸服装趋之若鹜。她说："我们每天卖出 20 万元人民币丝绸。由于每公尺是 50 元，这相当于每天卖了 4 公里的丝绸。"她说，跟亚太经合组织会议前比较，最明显的不同之处是，不仅是老人，现在连很多年轻人也喜欢穿他们祖先穿的丝绸衣服。

蓬巴杜夫人，是法国国王路易十五的情妇，伏尔泰称她是"旷世罕见一代名姬"。蓬巴杜夫人喜欢将额头上及鬓边的头发一齐向上梳卷，喜欢穿前领口开得很低的方领紧身胸衣。夫人独特的发型和胸衣，史称"蓬巴杜夫人式"，在当时的妇女中十分流行。时隔一百多年，蓬巴杜夫人式发型在 20 世纪初又再度流行。

19 世纪中叶，贴有本人肖像的名片在欧洲风靡一时。一位著名摄影师为法国皇帝拿破仑三世制作的肖像名片，开此风气之先。人们常在生日或节日里互换肖像名片。肖像名片成为维多利亚式客厅里的风雅之物。名人和皇族的肖像名片，成为收藏家的珍品。

唐巾，"制如幞头而椭其角，两解上曲作云头"，原为中国唐朝皇帝所戴的一种便帽。后来为士人们所喜用。

美国总统肯尼迪喜欢一本英国首相梅尔本的传记，使这本原先只有少数人感兴趣的书一下子变成了畅销书；有记者报道说总统很喜爱伊恩·弗莱明写的《从俄国寄回的家书》，弗莱明立即就成了百万富翁；人们一听说总统通过一种快速阅读的函授教程学会了每分钟读一千多字，于是教授这种方法的机构就增加了 10 倍。

国际健美协会主席 1987 年分别授予美国总统里根和第一夫人南希以特别奖，表彰他们带动了美国的"健身热"。里根是个健美爱好者，在白宫设了一个健身房，每星期一、三、五都固定时间做器械练习。第一夫人受丈夫感染，也爱上了健美。他们的带动，使全美国有 3500 万人做健身器械练习。在授奖仪式上，里根说："我年龄太大，再想增加点肌肉是不大可能啦。"但他证实，自从他练上健身以后，他的胸围增大了 2.5 英寸。

当代风行全球的"减肥热"，其最早的渊源恐怕可以追溯到几千年前中国的楚灵王。

据史籍记载，楚灵王喜欢腰肢纤细的人。宫中男女为了讨得君王欢心，都希望自己的腰肢更纤细一些。为了达到这个目的，他们每天都在早晨起床后蹲在地上，屏住呼吸收腹，以勒紧腰带，然后靠扶着墙壁才能慢慢站起来，且一天只吃一顿饭。不多久，宫中人人变得面黄肌瘦，弱不禁风，还有人为此而饿死。

楚灵王的细腰偏好，不是他自己腰细，而是他喜欢别人腰细。这使得当时的风尚以细腰为美。楚灵王的好细腰，不分男女，但可能尤以女子细腰为甚。据传说，他筑离宫，起名章华台，专选细腰美女居之。其细腰美女，被人称为"楚腰"；章华台，后被人称为"楚馆"。

关于"楚腰"，文人墨客多有吟唱。中国历史上最著名的唐诗、宋词、元曲中，均有佳句。

白描的如："楚腰纤细掌中轻"（唐杜牧《遣怀》诗）。

同情的如："楚女腰肢亦可怜"（唐杜甫《清明》诗）。

感叹的如："楚腰如柳不胜春"（唐杨炎《赠元载歌妓》

诗)。

推崇的如:"无双汉殿鬓,第一楚宫腰"(唐李商隐《碧瓦》诗);"楚腰卫鬓四时芳"(唐李贺《洛姝真珠》诗);"香生舞袂,楚女腰肢天与细;粉汗重匀,酒后轻寒不着人"(宋欧阳修《减字木兰花》词);"一捻楚宫腰,体态更妖娆"(元景元启《得胜令·失题》曲)。

现代西方国家中,也见到女子因求体态苗条实行减食节食而饿出毛病,饿出人命的报道,一些国人又该骄傲了:"呵,我祖先……"

16世纪,英国女王伊丽莎白一世经常使用白色铅粉美容,使面孔白皙细腻。当时的英国妇女群起效尤。这一流行的美容法致使许多妇女因为铅中毒而死亡。现代的美容化妆品中仍有含铅的,但法律规定了严格的安全标准,以防悲剧重演。

2. 热领袖所冷

领袖被推崇、被顺从的某种个人生活方式,不一定是其偏好,可谓是"无心插柳柳成荫"。

法国国王弗朗西斯一世,有次不慎将胡子和头发烧掉大半,不得不剪成短胡短发。于是出入朝廷的达官显贵都模仿他,蓄短髭、留短发。

法国国王路易十四是个侏儒,为使自己的形象高大起来,他命人为他制作了又高又厚的漂亮假发。由此,假发就盛行于上层社会。1789年法国大革命后,假发才渐渐地销声匿迹。在今天,只有从事某些特殊职业在某些特定场合(如有的国家中法官出庭时），才有人戴假发（这当然不包括那些因为头发的生理缺陷而戴假发的人）。

1988 年，意大利导演贝尔纳多·贝尔托卢奇以中国清朝宣统皇帝溥仪为主角的影片《末代皇帝》荣获九项奥斯卡金奖，在世界旅游业掀起了一阵"溥仪热"。逢此机遇，中国推出一项"末代皇帝专项旅游热线"。其中，有一个项目就是亲身感受溥仪作为囚犯时的环境，在当年关押他的监狱，穿上囚衣，睡在囚室里过一过铁窗生活。出来时，还可以领到有编号的"释放证书"。这真正是中国有句俗语所说的"花钱买罪受"。

古代帝王们的葬身之地，这个陵那个陵的，现在大多是旅游热点（封建帝王们都要臣民欢呼他们"万岁"、"万万岁"、"万寿无疆"，没一个愿意不到 100 岁就死的）。

美国总统肯尼迪当年遇刺身亡，凶手藏身的大楼，现在已辟为"肯尼迪博物馆"，参观者都争相站在凶手开枪时所站的位置，以体验凶手当时的心境。

外电报道，查尔斯婚礼延期，"错体纪念杯"热卖。①

英国王储查尔斯要展延 24 小时，才迎娶与他相爱了 30 年的卡米拉，这一决定带来了一个意外结果，他们俩的婚礼纪念杯迅速走俏，在人们抢购下几乎就要断货了。

由于教宗保禄二世定于星期五下葬，查尔斯王储于是决定，将婚礼延后一天，以便出席教宗葬礼。

但是，王室制造的蓝白色纪念杯已经印上原订的大喜日子——2005 年 4 月 8 日，查尔斯这一更动使得这些杯子成为

---

① 法新社伦敦电。新加坡《联合早报》2005 年 4 月 6 日。

"错体纪念杯"，纪念价值在一夜之间暴涨。

到温莎镇旅游的人都要到王室温莎资讯中心购买各类印上这原订婚期的纪念品，资讯中心的市场经理怀特说："王室制造的纪念杯子就要断货了，现在大概只剩下6个。"

怀特无法说，她们卖了多少个纪念杯，她只记得上个星期进货时有好几百个。

她说，这批"错体纪念杯"卖完就完了，当局当然会再造新的杯子，不过，婚礼日期应该会更正。

2004年9月6日，克林顿做了心脏手术。随后，美国各地医院发生了一种名为"克林顿综合症"的传染病的蔓延过程。许多中年男子担心自己罹患类似克林顿心脏的毛病，争相前往医院进行心脏检查。①

一个月前，来自伊利诺伊州、现年56岁的卡车司机加里·黑登因胸口疼痛戒掉了40年的烟瘾，克林顿成功进行心脏搭桥手术后，黑登感到了压力，又掏400美元打电话预订在私立医疗中心进行心脏扫描。一些人出于恐惧，纷纷仿效黑登。曼哈顿酒店一名现年45岁的领班说，他胸部疼了数天。当被问及是否要来急诊科看病时，他告诉加里："这件事与克林顿有关……我的妻子说，'你最好去检查一下。'"

纽约"圣卢克·罗斯福"医院急诊科主任帕特里夏·凯里说，过去一周内每天有8至9名胸口疼痛患者前来就诊，平常仅为5人。他说："我问过导医的护士，'这名刚来的病人哪里不舒服？'她说，'克林顿综合症'。言指一名胸部疼痛的男子。"

---

① "克林顿综合症"风靡美国。《新京报》2004年9月13日。

　　尽管"克林顿综合症"的患者主要为中老年男子，但一些妇女和青年人也前往医院寻求帮助。一名 29 岁的男子前往明尼苏达州圣约瑟夫医院急诊室，抱怨自己胸部疼痛。他告诉医生："我想我像克林顿那样，不能吃快餐食品了。"

　　在马萨诸塞州"乌马斯纪念医疗中心"，5 间心脏导管病室延长了血管造影项目检查的开放时间。血管造影费用 5000 美元，是动脉血管类检查最昂贵的项目。

　　"乌马斯纪念医疗中心"心脏病预防科负责人马克·富尔曼说："（收入）增加既与医生有关，也和病人自身有关。"美联社的报道说，该院一些医生没有让患者做普通运动心电图检查，就直接把病人送去检查血管造影。富尔曼说："（现在）他们比上星期更过分地玩弄病人。许多人说，可能心电图检查不够完美，而媒体报道说，尽管克林顿血管堵塞情况严重，但他仅做了普通检查。"

　　许多患者前往私人心脏扫描中心就诊，这些医疗机构采用一种 X 光方法寻找堵塞血管。专家对这种检查的价值不予认同，而且许多保险公司也不予承保，致使患者不得不自己支付 400 至 500 美元检查费。

　　对于一些患者"病急乱投医"的情况，专家呼吁说，公众人物要带领人们采取措施防止疾病发生，而不是仅仅认识到自己的症状。美联社报道说，有一半美国人胆固醇偏高，而这是引发心脏病的高风险因素之一。

　　克林顿承认，2001 年卸任以来，他就没有遵照医嘱服用降胆固醇药物斯达汀。病历记录表明，超过一半的患者在停止服用斯达汀后一年内体内胆固醇增加。美国心脏病协会发言人理查德·斯坦说："要求人们按医嘱服药而非按症状服药是件非常困难的事情。疼痛往往比担心更具有激励作用。"

克林顿住院前一星期进行的民意调查结果表明，2/3 的美国人不认为胆固醇高是他们担心的三大健康问题之一。尽管 60% 的人去年曾检查过胆固醇，但近 2/3 的受访者不知胆固醇为何物。

二、领袖的引导

1. 第一设计师

领袖的个人生活偏好有时会给整个时代打上个人的烙印。法国从 17 世纪初到 18 世纪末的近 200 年间，先后有四位国王。在这个期间，法国视觉艺术——建筑艺术、绘画艺术、雕刻艺术、装饰艺术等——的主潮，因为不同国王的不同个人偏好而发生变化，史称"路易十三风格"、"路易十四风格"、"路易十五风格"、"路易十六风格"。真正是"各领风骚数十年"。

以家具为例。

"路易十三风格"是：结构坚实、敦厚，以雕琢精细和旋木工艺巧妙而著称。常见的装饰主题包括带翼天使、华丽的涡形花饰、花果垂饰图案和怪异的脸谱。

"路易十四风格"是：用玳瑁或进口木料贴面，用黄铜、锡铅合金和象牙镶嵌，或者全部用金箔镶面，用镀金的厚铜皮包角以及其他易磨损部位和毛糙的把手等，并饰以各种图案。较常见的装饰主题包括贝壳、半人半兽的森林神、小天使、垂花纹饰、花环饰、神话、叶状卷涡纹、海豚。

"路易十五风格"是：风行每个家庭至少备两套家具，一套夏用，一套冬用。家具务求既实用又美观。椅子都用曲形腿和花形装饰。装饰主题是自然、东方风物、幻想。常采用稀有树种如郁金香、柠檬树和紫罗兰等名贵树木以取得豪华奢丽的效果。

"路易十六风格"是：以乌木或细木为原料，工艺精微复杂，基本特征上再现了新古典主义，即简朴的直线条和古典主题。

2. 第一模特儿

如果说设计师是生产前决定图纸的话，那么，模特儿则是生产后促成销售。

1989 年 2 月，为净化空气，减少环境污染，英国政府开始在全国推行"无铅汽油"。新闻界广泛报道了英国女王伊丽莎白二世使用无铅汽油的消息，政府希望女王的这一举动会带动全国的汽油消费者。

1988 年年底，英国爆发了一场"鸡蛋危机"。一位高级官员宣布，英国出产的大多数鸡蛋受沙门氏菌污染。这一下可捅了马蜂窝，导致消费者一片恐慌，生产者强烈抗议，政治家同声指责。因为鸡蛋是英国人的必备食品，每年英国人要吃掉 90 亿个鸡蛋。为消除危机，政府发表声明，指出虽然出现了同鸡蛋有关的数十起沙门氏菌感染的病例，但因食用鸡蛋而生病的可能性极小。在危机爆发后的第三天，首相撒切尔夫人宣布，她在午餐时吃了鸡蛋。她在议会说："我在仔细阅读了医疗官员的声明之后，决定在午餐时吃面包和炸鸡蛋。我觉得味道很好。"至此，危机趋于平息。

1985年，根据雨果小说改编，由法国艺术家布伯利尔作词、舍恩贝格作曲的音乐剧《悲惨世界》在法国上演，反响不错。但两位艺术家知道，要真正获得成功，必须到伦敦和纽约上演。

在伦敦的首场演出后，第二天上午出版的报纸发表的评论都很不客气。梦想破灭了，两位编剧准备打道回府了。不料，第二场演出时，戴安娜王妃出现在观众席上，并热烈鼓掌。第三场演出，戴安娜王妃又拉了查尔斯王储一起来观看，对这部音乐剧给予了非常高的评价。至此，英国报纸上对这部戏的批评指责消失了，《悲惨世界》在伦敦成了最受欢迎的音乐剧，一年半的时间里，场场满座。

受到鼓舞的两位艺术家乘胜向纽约百老汇进军。首场演出还没有开始，门票就已卖了一千多万美元，创下百老汇剧院的历史最高纪录。首场演出的那天晚上，黑市票价高达500美元一张。首演第二天，各报赞不绝口。一位评论家说："《悲惨世界》一剧带给人们的既有消遣娱乐，又有思想启迪。百老汇剧院很长时间以来没有上演这么好的戏了。"在演出的三个半小时中，观众屏气观看和倾听着，在音乐的间歇则雷鸣般地鼓掌。每天晚上，1765张戏票销售一空，那些在走廊里等待的失望的观众队伍越来越长。那段时间，人们一见面总是首先问："你搞到《悲惨世界》的票了吗？"在百老汇演出了3个月后，1987年4月，剧院就挂出了"1987年12月以前客满"的牌子。

读着世界各地（有波士顿、巴黎、东京、奥斯陆、斯德哥尔摩、慕尼黑、法兰克福、华沙、雅典、多伦多、维也纳、鹿特丹、圣保罗、圣地亚哥、布宜诺斯艾利斯、莫斯科、索菲亚、布达佩斯和雷克雅未克等）邀请剧团访问演出的信件和雪片般飞来的贺电，两位艺术家首先想到的是，感谢英国王妃戴安娜和王储查尔斯。

从 1989 年 4 月 1 日起，日本消费税提高 3%。此举实施之前，即深受国民反感。4 月 1 日这一天，首相竹下登携夫人前往商场购货，以一个普通消费者的身份尽公民纳税的义务，和国民"共渡难关"。

1989 年，49 岁的荷兰首相吕贝尔斯应电视台之邀在荧屏上谈他对生与死的看法。他说："如果吕贝尔斯今天得了不治之症，对社会来说已成为一个沉重负担，我将请求采取终止我生命的措施。在确知生命已经无望，却硬要无条件地延长下去，是无意义的。"作为一国政府首脑，亲身倡导"安乐死"，引起了全国轰动。现在，荷兰已有十万多人立下了"安乐死"的遗嘱。

1988 年年初，菲律宾商界一位领导人宣布，总统阿基诺夫人将在一系列电视广告中露面，以吸引更多的人使用菲律宾产品。他透露，总统在同商界领导人会谈时，说："我乐意免费承担这个任务，只要你们保证能为我国人民提供更多的就业机会。"这位商界领导人说，这些广告只限于菲律宾产品，做这种广告是一种尝试，以吸引菲律宾人多购买菲律宾产品。

与阿基诺夫人相比，伊梅尔达在她丈夫当政时的一次宣传国货活动中，做戏的味道就更浓一些。马科斯总统的夫人以生活奢侈，专爱选用名贵外国货而闻名于世。但她有一次在一批政府官员面前脱下自己的鞋子，让这些人看清楚她穿的鞋是国货，并呼吁在场的人购买国货。她赤足陈词："我现在已经真的说做就做，要全部用菲律宾制造的产品，我穿着这双鞋感到非常自豪，而且非常舒服。"

三、商人的利用

领袖的广告效应是非常强大的，一有机会，商家会充分利用。

1. 利用已逝领袖

"皇帝御用"、"皇帝钦定"、"宫廷秘方"、"贡品"等词汇，经常出现在现代的商品广告之中，颇能吊起人们的胃口。这个"胃口"不单是限于吃的，当然也确有一些是吃的。

中国北京的北海有两座宫殿，一是漪澜堂，二是道宁斋，现在是以经营中国清朝宫廷菜肴著称于世的仿膳饭庄。

仿膳饭庄的前身就是宫廷的膳房。清朝末年，膳房的规模相当庞大，有计寿膳房、御膳房、主子膳房和随着行宫走的野筵房等。御膳房下设若干个局，如荤局、素局、点心局、饭局、包哈局（专做烤猪、烤鸭及成菜）等。宫中厨师共有三百多人。许多厨师仅擅长一两种拿手菜点，只因太后或皇上爱吃，便被召进宫来。如仿膳著名的冷点豌豆黄、芸豆卷，原来是宫外小贩制作的民间小吃，只因为慈禧有一次偶然尝过后，觉得挺好吃的，就把那个小贩留在宫中，专门给她一个人单做着吃。1911 年辛亥革命后，清朝末代皇帝溥仪被赶下龙座，宫廷的膳房也就解散了。一批原在宫廷膳房的厨师，又聚在北海开设饭馆，取名"仿膳"。推出清宫风味菜点近千种，光名菜就有二三百种。如被慈禧封为"抓炒王"的王玉山，他的四大抓（抓炒鱼片、抓炒里脊、抓炒腰花、抓炒虾）原在宫中是很有名气的。有的菜点还有掌故，据说慈禧一天夜里做了一个梦，梦见吃烧饼。早晨醒来吃早饭，果然是肉末烧饼，于是很高兴，赏了做烧饼的厨师赵永寿尾翎和12 两银子。赵永寿的肉末烧饼，也就由此出了名。

能够亲口吃过去只有皇帝、皇后才能吃上的菜肴、点心，当然使顾客趋之若鹜了。

北京歌舞团推出过一台名为"历史宫廷乐舞·华夏古韵"的节目，引起观众强烈反响，场场爆满。这台节目集先秦、秦、汉、唐、宋、元、明、清历代乐舞之精华，以当时朝代的服饰和舞蹈语汇编创而成，使观众一饱皇帝才能享有的"眼福"、"耳福"（看宫廷舞蹈、听宫廷音乐）。

2. 利用在任领袖

1989 年 1 月 8 日，日本新天皇明仁继位，改年号为"平成"。当天，就有许多以"平成"命名的企业和产品推出。有些毫无新鲜之处，但因为"明仁"、"平成"是最新鲜的，因而也极受市场欢迎。"平成银行"、"平成饭店"主顾盈门；"平成酒"、"平成饼"供不应求。

1987 年 5 月 15 日，美国总统里根与记者会面时，一位电台女记者递给里根一张纸条，对他说："总统先生，我的总经理说了，除非你照这张纸条读一遍，否则便要我辞职。"里根笑着答应了她的请求，朗读道："我是罗纳德·里根，每次我在纳什维尔，我都收听 WSM 电台。"在场的其他电台、电视台、报刊的记者都嘲笑这位女记者，但她毫不理会，叫他们静下来，以便总统再读一次这段广告词。里根再次依从了她。事后，WSM 电台反复地播放里根的这段录音。

英国广播公司的一段类似努力却遭到了抗议。英国广播公司在报上登出一幅广告画，画面是苏联领导人戈尔巴乔夫坐在桌前听广播，说明文字是："当克里姆林宫希望了解西方到底发生了什么事情时，他们总是打开收音机，收听英国广播公司的报道。"对此，苏联官员发出强烈批评："这则广告是拙劣的。它在刊登前并未得到有关方面的同意。它给我国领导人树立了不佳的形象。"

未经授权的广告还可能被诉诸法庭。1984 年，美国伊利诺伊州当局控告美国健康服务公司，说这家公司违反了一项禁止使用未经授权的赞助的法律。这家公司在推销助听器的广告书里使用了里根总统戴助听器的照片。这种宣传使许多人购买里根所用的同类助听器。但里根并没有赞助这种助听器。公司一位董事说，照片是他们从一家杂志上翻拍的。

格调不高的广告也会引起人们的反感，反而达不到预期的效果。1988 年，美国一家连锁快餐公司在 4 家报纸上登出一幅广告。广告以里根总统戴着耳机、紧闭双眼打瞌睡的照片作噱头，下面的文字说明写道："一个人没有吃早餐，通常一眼就可看出来。"广告说，他们公司售卖的一种营养早餐，吃了就会令人精神饱满、体力充沛。这幅照片是美国广播公司在里根出席波恩一次国际会议时拍下的。这幅广告引起许多人的不满，纷纷指责这个广告太差劲。公司一位负责人苦笑着说，由于接到了许多投诉，公司决定取消这个广告，把刊于 4 家报纸上的版面全部撤回。

3. 利用假冒领袖

既有同样效果，又不负任何责任的方法是利用假冒领袖。本章题例中的那家珠宝店老板，干得多么漂亮。谁也抓不住他一点把柄，谁也奈何他不得。

1984 年，美国总统里根竞选连任成功。一群美国学生在比利时度假时，发现了一位容貌举止酷似里根的人。这个人叫阿万丹，五十多岁。美国的彼得·金公司获得这一消息后，立即与阿万丹签订了一个与里根第二任期限相同的 4 年合同。由公司安排，让阿万丹在商业机构的开幕典礼、影视广告、私人晚会上露面，除基本报酬外，每小时的出场费为 400 美元。

中国长城边的一家名为"八达岭"的餐厅，首创了"长城晚宴"：以八达岭长城平台为露天餐厅，以宫廷式菜肴为饮食内容，伴以"皇帝"敬酒、"宫女"献舞等娱乐活动。客人面对落日余晖，放眼延绵长城，垛口旌旗猎猎，耳畔丝竹悠扬，细品宫廷美味，与"皇帝"、"宫女"共饮（万岁爷成了陪酒郎，威仪全无，斯文扫地。据报道此餐厅顾客 75% 为外国游人，岂不有失"国格"。没有让"皇后"出场为人陪酒，大约是老板多少还顾了一点面子）。

甚至罪犯也冒充起了领袖。1988 年 12 月，在两个星期的时间里，美国发生了两起歹徒戴着里根总统面具抢劫银行的事件。

商人用假领袖骗消费者，也有消费者假扮领袖骗商人。1988 年年底，一位"戈尔巴乔夫"带着 25 名随员在西班牙一处度假胜地住了 6 天，欠下四万多美元的账单后消失得无影无踪。度假村的一位董事说："此人有充分的文件证明自己是戈尔巴乔夫。除了五官完全一样外，他头上还有像戈尔巴乔夫一样的胎记。他的 25 名随员全部说俄语。住在酒店的豪华套间，6 天后他们走掉时，账单是四万一千美元。"但苏联驻马德里大使馆坚决否认此人是他们的国家元首。

 四、"领袖热"的条件

"领袖热"的形成，简单地讲，需要有三个条件，一是为民众所知，二是为民众所愿，三是为民众所能。

1. 为民众所知

为民众所知既是所有各种"领袖热"的先决条件，其本身也可以构成一种"领袖热"，即"领袖图书热"、"领袖影视热"等等。

一位西方国家的作家曾为苏联共产党总书记契尔年科投保人寿险，因为他正在为契尔年科作传，担心那位年迈体衰的总书记会在他的书出版前就去世，从而使书的销路受影响。结果，果然被他料中。虽然书没有卖出多少，但有先见之明的这位作家却获得了足以弥补损失的巨额赔偿费。

美国的出版商们则把为总统候选人出书称为"赌徒押宝"。押准了，大发"总统财"；押错了，落选者的书大都只有当垃圾扔掉。1988 年总统预选初期，加里·哈特在民主党内呼声最高，出版商计划为他出一本名为《一个人的运气》的书。后来，哈特因为"桃花运"退出竞选，出版商只得取消出版计划，"运气"变成了"晦气"。

1946 年，美国共出版了七千多种书，其中有十种畅销。因此出一本书要成为畅销书，只有 1/700 的概率。在这十种畅销书中，最畅销的是三种：关于林肯总统的书，关于医生的书，关于狗的书。据此，一位梦想发大财的出版商为提高畅销系数，推出了一本名为《林肯总统的医生的狗》的书。不料不畅销，一本也卖不出去。

早些年中国的影视界有两热，一是"溥仪热"，二是"武打热"。一伙人也来了一个"热"上加"热"，弄出一部《康德第一保镖传奇》（溥仪在伪满时称康德皇帝），又有溥仪，又有武打，洋洋洒洒 30 集，"热"得人受不了。

2. 为民众所愿

"领袖热"要热起来，首先是要为民众所知，知道了之后，才有可能产生推崇的心理和顺从的行为。而这种推崇和顺从，又必须为民众所愿，即不能是被强制、被逼迫的（强制、逼迫也可以造成民众偏好都以领袖偏好为转移，这在专制制度中多有发生，但这种情况不能称之为我们现在所讲的"领袖热"。区别就在于是否为民众所愿）。为民众所知本身也能够形成"热"（如"领袖图书热"、"领袖影视热"等），也在于它是为民众所愿的。在现代社会里，这既是基于一种好奇心（领袖毕竟与普通人有许多不同），也是基于一种责任心（领袖是民众纳税养活的，是民众投票选举的，其干好干坏又直接影响到民众的生活水平与生活质量），要弄清楚弄明白领袖的大事和小事。

更广义的既不止于知的"领袖热"，又有各种不同的原因，不能一概而论。这种对于领导人个人生活偏好的推崇与顺从，有的人是出于文化上的考虑，有的人是出于经济上的考虑，再有些人则是出于政治上的考虑。

总之，不为民众所愿，"领袖热"热不起来。但千万不可将这里的"民众所愿"只理解成政治上的崇拜和服从。日本有"熊猫热"（熊猫是中国特有的珍奇动物，但似乎日本人对之更"热"一些），1993年以至少1000万美元的代价向中国借用一对大熊猫10年（此是中国政府首次批准提供大熊猫到国外与之进行合作繁殖研究）①。谁会认为，日本人是要这一对大熊猫去做他们的首相与首相夫人呢？

3. 为民众所能

有些东西，既为民众所知，也为民众所愿，但不为民众所能，还是"热"不起来。

中国的第一汽车制造厂生产的"红旗"牌高级轿车，一直以典雅庄重、平稳舒适而闻名中外。自20世纪50年代投产以来，一直是国家领导人和重要国宾的专用车。1992年重新生产

---

① 《人民日报》海外版1993年3月11日。

后，第一辆车的买主，就是一位农民出身的私营企业家。这位名叫王文千的浙江老板说："我非常喜欢威风气派的红旗轿车。以前有钱买不到，现在改革了。中国人还要坐中国车，四十多万元，值！"①

---

① 《人民日报》海外版 1993 年 3 月 11 日。

英国国王爱德华三世在一次盛大的宫廷舞会上与一位伯爵夫人共舞。两人舞兴正浓时，这位贵妇人的袜带掉了。爱德华三世以帝王之尊俯身拾起了袜带，当即引起哄堂大笑和一些人的品头论足，英王对此十分恼怒，用法语愤愤地说："有邪念者不得好报！"接着，他表示要使这小小的袜带平添光辉，以致人人都想从英王手里得到它。

　　这就是传说中英国嘉德勋位的缘由。嘉德是英文 CARTER 的译音，意即袜带。几个世纪以来，袜带勋位一直是英国的最高荣誉奖赏。它包括袜带、缎带、圣乔治十字架章和项圈。在所有庆典场合，勋位获得者就将镶着金边，印有英王爱德华三世"有邪念者不得好报！"那句话的深蓝色袜带佩在左腿靠膝下的部位。

第11章
领袖偏好及其效应的时间差

在不同时间里，领袖的个人生活偏好及其社会效应会有所不同。这种不同，我们称之为"时间差"。它可能存在于相隔几百上千年的古代与现代之间，也可能存在于紧接着的前任与后任之间。再有，从现代的王室，我们多少也还可以发现一些古代的沉积物。

一、现代与古代的对比

1. 偏好的古怪与新奇

文明的累积，为新时代的领袖从观念上、物质上创造了旧时代的领袖想像不到、享受不到的新奇的生活选择机会。譬如汽车、飞机、空调、电脑、电影、电话等等。

在电话发明以前，谈不上对于电话的偏好或不偏好。

最早在爱丽舍宫装电话的法国总统是米尔·格雷维。他装电话的目的不是为了同他的部长们商议事务，而仅仅是为了能够及时地调来共和国卫队救他的驾。因为他害怕混乱和暴动。

戴高乐和蓬皮杜两位法国总统都不喜欢使用电话。与来访者谈话时，更不允许被电话铃声打断。蓬皮杜总是带客人到没有装电话的房间里，一起坐在沙发上安安静静地交谈，总统女秘书的一个重要任务，就是防止电话的铃声打乱蓬皮杜办公室里的安静。

日本首相三木武夫却完全相反，人称"电话迷"。只要来电话，总是亲自去接。阁员、平民甚至捣乱分子，都能与首相通话。只要有事，三木便立即打电话给对方，或是耐心解释，或是诚恳说明，大家都说他是位可以使用电话解决一切大事小事的总理大臣。

新奇偏好出现的同时，也有古怪偏好的消失。历史的长河滔滔不息，淘汰了许多过去习以为常、现在视之为异的生活方式。

中国古代帝王，都自命为"真龙天子"。袁世凯窃取了民国大总统之后，又一心想做皇帝。据传说，龙有鳞，"鳞似鲤"。为了让人相信自己是龙，袁世凯总是让姬妾到厨房去收集大的鲤鱼鳞片，说是入药用，其实是为了制造骗局。由此有了笑话：袁世凯"入浴后，从者刷池，辄见巨鳞数片，杂垢腻皮屑中"。

炼丹，以求长生不老药。中国过去的许多封建皇帝都醉心于此。

唐宪宗晚年，好炼丹，使各色诈骗之徒云集京师。他们互相勾结哄骗宪宗，深得信任，被授予官职。所谓金丹都含汞，宪宗汞中毒后，又被太监下毒药致死。

唐穆宗是宪宗之子，子继父位，也承了炼丹偏好。坐了五年龙床后，一命呜呼。

宋仁宗晚年服丹后，不问政事。有臣奏事，只是点头敷衍。

明世宗为一心炼丹，居住在西苑万寿宫二十余年，完全不理朝政。

生前就为自己大修陵墓，也是古代帝王的一个大偏好。

印度最美丽的建筑物之一，在亚格拉的泰姬陵，就是莫卧儿皇帝杰罕为自己和妻子修建的陵墓。

秦始皇，在骊山预建陵寝，"以水银为百川、江河、大海，机相灌输，上具天文，下具地理"。现在发掘出来的陶俑兵马阵，军威浩荡，有人称之为"世界第八奇迹"。

2. 效应的绝后与空前

中国清朝的乾隆皇帝十分爱吃的一道菜是"八宝豆腐"。这是乾隆第一次南巡时，地方官以重金觅得的一位苏州名厨的拿手菜。主料是豆腐，配料是香蕈、口蘑、松子、瓜子、鸡肉、火腿等。将各种配料切成很细的丁状，拌入极嫩的豆腐片中，用浓鸡汤煨成。由于吃厌了驼峰、熊掌、燕窝、鱼翅之类，乾隆对"八宝豆腐"一见钟情，食之不厌，每饭不忘。还京时，将厨师带回京中，赏五品顶戴，在御膳房供职。每有大臣告老还乡，乾隆总以"八宝豆腐"的制法相赐。但大臣到御膳房取这张菜谱时，须给厨师一千两赏银。

里根入主白宫后，美国第一夫人南希每个星期大约收到1500封来信，其中许多信是向她索要食谱的。诸如南希制作总统爱吃的通心粉加乳酪、总统设计的烧蟹肉等。对这些信件，南希和白宫的工作人员总是热情地提供免费服务。

在白宫21年，为约翰逊、尼克松、福特、卡特、里根五位总统当过厨师的亨利·哈特，1987年9月退休后，出版了一本《白宫家庭菜谱》。这本书被说成是"20年的食谱，外加一点历史"。它汇集了哈特自己的拿手好菜及总统和家人爱吃的食物：尼克松夫人喜欢的烤肉糕；福特特有的丰盛的密西根饭菜；福特夫人偏爱的家制烤面包；里根常吃的精制奶油冻和肉冻；里根夫人每个星期天晚上要的牛肉烤菜。

哈特厨师说，白宫主人的更换对每个人来说都是"很痛苦的"。"为每位新总统做菜都感到有些紧张，因为每个家庭的口味都不一样。"这种时候，他必须了解，应该用什么调料，谁的胆固醇高，总统一家是喜欢肉煮得嫩一点还是老一点。他说，他得同每位总统夫人密切配合，一起制定出总统一家人一个星期的菜单。

这本书的出版，使每一个愿意尝尝总统（而且是五位总统，外加五位第一夫人）口味的人，都可以很方便地亲自试一试。

中国的战国时代，各国争雄，国力主要赖于人力。人海战术，人多为胜，军事上如此，经济上也是如此。因为最基本最主要的经济是农业经济，地广人稀，缺乏劳动力的投入。墨子有言："当今之君，其蓄私也，大国拘女累千，小国累百。是以天下之男多寡无妻，女多拘无夫，男女失时，故民少，君实欲民之众而恶其寡，当蓄私不可不节。"批评了国君拘女的偏好。"宫无拘女，故天下无寡夫。内无拘女，外无寡夫，故天下之民众。"

墨子批评国君的偏好，是因为这种偏好导致了人口太少。英国王妃戴安娜被批评，却是因为担心导致人口太多。戴安娜生下第二个儿子后，英国一位著名的妇科医生公开呼吁，王妃应该施行绝育手术，否则会在英国出现一股模仿王妃的"生子高潮"。一位人口学教授支持这位医生的观点，认为如果生育率大幅度上升对英国将是一场灾难。他说："20 世纪 60 年代，就是由于女王和其他王室成员的生儿育女，使英国的生育率增加了将近 50%。"

在现代，民众是否推崇、顺从领袖的偏好，主要是出于审美上和货币购买力上的考虑，若有政治因素，也基本上是自愿的。但在古代，起主要作用的却是权力。

中国的唐朝末年，在华南有一个称为南汉的小国。国王重用太监，国政都被太监操纵，他自己整天沉湎在后宫的淫乐之中。这位国王立下一个规矩，凡臣民中有才能的人，或者科举考试中的优胜者，要在朝廷出任要职，必先受宫刑，然后才能任职。由此使南汉成为一个"太监王国"。

法国国王路易十四患了肛瘘，十分痛苦，显然这并非他的"偏好"，但却成了他的大臣们的"偏好"。为了治愈国王的肛瘘，医生们在志愿进行治疗实验的肛瘘患者身上尝试了各种方式。最后，外科医生对路易十四施行了切除术，终于解除了国王的痛苦。为了引起国王的注意，大臣们也自告奋勇地要求外科医生对自己施行切除术。一时间，患肛瘘竟成了一件值得炫耀的事。

在中国古代，国家政治大事与私人生活小事经常发生倒错。生活被泛政治化，对帝王、对臣民，都是如此，而在那些昏君，政治又被生活化，以个人的玩乐挤走了朝廷政务。

生活政治化的表现是多方面的，衣、食、住、行、乐等，几乎都受到权力的制约。比如，官员穿夫子履，贵妇人穿珠履，老百姓只能穿木履；官员穿绸缎，老百姓只能穿布衣。没有做官的富商大贾，钱再多，也只能是木履布衣。

从魏晋始，官员分为九品。虽然历朝九品里所含的等数不一，但不论是北魏的三十等，还是元、明、清的十八等，都在各品之间，除官俸不同之外，还规定了官服、带、冠、鱼袋、笏的不同，严格得很。以唐朝为例：三品官服色为紫，腰环金玉带十三銙，头顶三梁冠，胸佩金鱼袋，手持象牙笏；六品官服色为深绿，腰环银带九銙，头顶一梁冠，胸佩银鱼袋，手持竹木笏。

清朝制度，对于德高望重的王公大臣，由皇帝赐予紫禁城骑马、紫禁城乘两人肩舆、坐骑配紫鞭等。

避讳是中国一种很古老的习俗，据说孔子作《春秋》时的一条重要原则就是"为尊者讳，为亲者讳，为贤者讳"。对这些人，在讲话时不直呼其名，在作文时不照书其号。这种习俗经过各朝的沿袭，花样不断翻新，需要避讳的地方越来越多，不少朝代的皇帝还自己规定了一些避讳的范围和方法，违者杀头。这样，避讳在皇帝和臣民之间，已不仅仅是一种习俗，而变成了一种残酷的法律。

汉朝的光武帝名秀，为避"秀"字讳，"秀才"改为"茂才"；东晋的元帝司马睿有个妃子叫郑阿春，后来儿子做了皇帝，为避"春"字讳，"春秋"改为"阳秋"；五代十国的吴越王钱镠，因"镠"与"榴"同音，"石榴"改为"金樱"。

　　某些动物的名称由于与皇帝姓氏同音，于是这种动物就成了与皇家共命运的"天然宗族"，获得皇家的特别宠爱。"鲤"与"李"同音，于是鲤鱼在李家的唐朝就真的"跳上了龙门"。皇室以鲤为佩，虎符改为鲤符，直呼鲤鱼犯讳。皇帝还下诏书，凡捕得鲤鱼必须放生，卖鲤鱼者要受罚。轻者杖六十，重者入狱。从此鲤鱼在唐朝成了不能买卖、不能入口之物。

　　到了明朝，朱为国姓，"朱"与"猪"同音，于是猪就走运了。先是江河里的江猪（也叫江豚）和猪婆龙（即扬子鳄）得到皇帝保护，禁止捕杀。后来明武宗朱厚照，干脆下令禁止养猪宰猪，违者充军。以致后来祭祀时，无猪奉祀，只好以羊代之。

　　更可笑更可气的是与帝王生肖有关的动物也在忌讳之列，宋朝的徽宗赵佶明令严禁杀狗。原因是他的生肖属狗，杀狗便有杀皇上之嫌。

　　文人吟诗，不小心也会招来杀头灭门之祸。

　　清朝时，一个秀才因为窗外的风吹乱了桌上的书卷。随口吟道："清风不识字，何故乱翻书"。被认为是对清朝江山的恶毒攻击，砍了脑袋。

　　一举人作诗有"明朝期振翮，一举去清都"句，乾隆皇帝见后，将其满门抄斩。一大臣写过一首《咏墨牡丹》，其中有两句："夺朱非正色，异种也称王。"这位大臣死后乾隆才看到这首诗，令开棺锉其尸。其实这两人都不是拥明反清之士，"明朝"指明天而不是指朱家的明王朝，"夺朱"指胜过红色而不是指清朝覆灭朱皇帝，"异种"指不是红牡丹的种子而不是指非汉族的满族皇帝。但乾隆都做了后一种理解。这种牵强附会、捕风捉影，由于皇权的至高无上、无边无际而成为抄斩和锉尸的铁证。

当时就有人叹道："今人之文，一涉笔唯恐能碍于天下国家，……见鳝而以为蛇，遇鼠而以为虎，消刚正之气，长柔媚之风。"

本章题例，英国国王爱德华三世因为捡妇人袜带遭讥笑，就用王权让这个袜带成为人人追求的最高荣誉。也是一种国家大事与个人小事的倒错，但比起中国的某些皇帝来，还算是仁慈多了。

这些效应，在现代化的社会制度中，是不可能再发生的了。

英国首相撒切尔夫人的女儿透露，她的母亲注重服饰，形成了"依场合不同而选择服装"的特有风格。当她要在这样的连衣裙或那样的套装之间决定穿哪一件时，她总是说："我必须体现出职业的特点与活力。"一般说来，她穿着服装有两个准则：一是遇有重大事件时，穿过去曾给自己带来好运气的服装；二是需要与公众见面时，穿她称之为"活动专用"的服装。所谓"活动专用"服装，远不是她衣柜中最漂亮的，之所以穿它们，纯粹是因为这种衣服即使碰到人们有时向她抛过来的鸡蛋和西红柿，她的风采和魅力也不会受到损害。

类似于撒切尔夫人的这种坦然、这种宽容，在现代型领袖中是常见的。这就是时代的演变，这就是历史的进步！

二、专制帝王偏好效应的特征

有必要专门用一节，来描绘古代专制帝王偏好及其效应的几个特征。其必要性在于，让现代社会的领袖和民众能够从中见到"前车之鉴"，共同自觉地来防止它们的重演。

1. 畸形性

以畸形偏好的畸形满足来填补精神的空虚，以及冲淡对地位不稳的恐惧。

许多古罗马皇帝沉湎于杀戮流血的游戏。最喜欢的娱乐是观看奴隶与狮豹搏斗或奴隶之间相互残杀。

1789 年 7 月 14 日，凡尔赛宫，法国国王路易十六在日记中写下："今日无事。"然后，便乐融融地和朝臣们寻欢作乐、歌舞升平去了。真是平安无事吗？刚好相反，当时的法国正处在风云突变的大动荡之中。路易十六的日记和迷醉，只是为了掩饰他的无可奈何。正是在这一天，愤怒的民众攻占了专制皇权的象征——巴士底狱。这一天，路易十六"无事"可记的一天，成为法国大革命的纪念日和法国国庆日。

俄国的末代皇帝尼古拉二世，以舞会、酗酒、划艇、劈柴等来逃避日益深重的内忧外患。有次喝醉酒后，穿着士兵的制服到处乱撞，出尽了洋相。事后，大臣们为挽回面子，让尼古拉二世在清醒状态下穿着士兵制服身负士兵装备徒步行军，美其名曰是体验士兵生活、鼓舞士兵斗志。

2. 炫耀性

把某些生活偏好的满足作为显示权力和政绩的手段。

中国的秦始皇灭掉六国后，在咸阳附近仿照诸国宫殿式样营建了许多宫殿，并建造更为富丽宏伟的阿房宫。在秦始皇看来，这些宫殿建筑是天下一统的象征，也是他的权力无所不在、无所不能的象征。

在宫殿建造上，每一个亚述王都要超过他的前人，以表明自己的更加伟大。

法国的拿破仑一世，称帝时的加冕典礼，"凡是金钱与艺术能做到的事，都做到了。"皇帝的皇袍，耗资百万；皇后的华冠，镶满了价值连城的珍珠、钻石。

3. 独占性

等级森严，某些偏好被帝王所"垄断"。

中国皇帝的服饰，从颜色到款式，都是有定制的，为皇帝专用（皇帝服黄，从汉朝始；但不是皇帝就不能服黄，是从唐朝始。因此有宋太祖赵匡胤"黄袍加身"的著名典故。清朝末期，小小年纪的宣统皇帝溥仪发觉其弟溥杰袍子衬里用了黄色，也知道大发雷霆。这些人比起齐桓公来，就差远了。齐桓公喜欢服紫，齐国人都可以学他，举国尽服紫）。任何人都不能穿戴，甚至不能暗中藏有，一旦被举发，就是"谋反"之罪，必有杀头、满门抄斩、株连九族之灾。

清朝的凤冠，上面有十三支由珠宝扎成的凤凰，只有皇后可戴。以下是贵妃、妃、嫔、贵人、常在、答应等，其头饰各有定制，不许僭越。

清朝的乾隆皇帝善品泉。泉水优劣，一般以品茶为据，讲究"甘美"、"质轻"。乾隆下令特制一种小型银斗，称量天下各泉。北京玉泉重一两，最轻；加上元代就有记载，说玉泉"极甘洌"。故乾隆封北京玉泉为"天下第一泉"，写下《御制天下第一泉记》。并从此定下，取玉泉源头之水，供皇帝专用。

那时，北京城门每天晚上关闭，但一辆插着小黄旗的毛驴水车每天夜间通过西直门时，守城的将士都恭恭敬敬地特地为之开启城门。水车大摇大摆地走在大道中央，谁也不敢碰一碰。这就是每天为皇帝从玉泉源头取水的专车。

4. 浪费性

恣意挥霍，只求自己享乐，不顾国计民生。

明帝时，魏国政治已很腐败。明帝宫人众多，后宫所费与国家军费相等。他大修宫殿，广设猎场。满朝官吏也都一改曹操时比较清素的风气，竞效侈靡。

清朝的乾隆每次南巡，都大肆铺张。对于女乐、珍宝、宴席，无所不爱。每到一处，下所贡奉，斗奇争巧，耗费劳民，岁无虚日。一日之餐，"上方水陆珍馐至百余品，费至十余万"。

清朝的慈禧太后每次传膳，菜肴多达一百余种。她的脾气是随意点吃各色菜肴，每添一样，以后就不许减少。因此越积越多，但她实际上又根本吃不了。

慈禧五十寿辰时，仅观戏一项，为购买戏衣、道具及赐赏等开支，花费即达白银十一万两。

巨额海军军费被慈禧挪用至大兴土木，重修颐和园，供她游乐。结果，园中的石舫虽然永不沉没，但北洋水师在中日海战中却全军覆灭。

明、清两朝定都北京，过冬时都以木炭取暖。按皇室定制，每日木炭耗费标准：皇帝，敞开；皇太后，120斤；皇后，110斤；皇贵妃，90斤；贵妃，75斤；皇子，30斤；公主，20斤；皇孙，10斤。为供应皇室需要，北京周围山区布满了伐木者、烧炭者。据测计，10斤树木，也难烧出1斤木炭。明、清两朝的数十位皇帝轮一遍，北京周围的山就光了秃了。到现在，风一起，北京就尘沙漫天。

晏婴，是齐国灵公、庄公、景公的三世名相，以节俭力行著闻，但却遭到孔子的耻笑。孔子认为，晏婴身为齐国之相，祭祖的猪太小，一件狐裘穿三十余年，都有违"礼"的秩序。

这可能是后世君主恣意挥霍的一个原因。

5. 不等价性

或是巧取豪夺，无偿占有；或是慷慨过度，一掷千金。

宋徽宗统治的25年，他的宠臣们互相结托、狼狈为奸，迎奉徽宗。他们提出一个"丰亨豫大"的口号，要把朝廷以至整个宫廷的场面尽量搞得富丽堂皇，要集中全国的奇花异石于首都开封，以供皇帝观赏。为此，专门设立了"造作局"、"应奉局"，集中各种工匠，制造象牙犀角金玉竹藤及雕刻编织的各种工艺品，同时向各地搜刮花石竹木和珍奇物品。百姓家中凡有一石一木可供赏玩，全被指名强取。搬运时，拆屋撤墙，全不顾惜，无数人家为此而倾家荡产。搜刮所得，以大量船只向开封运送，每十船组成一纲，这就是著名的"花石纲"。

清朝的同治皇帝闲着无聊，经常溜出宫去吃喝玩乐。一次在一个老头的小摊上，吃了一碗馄饨，连夸好吃，又吃第二碗，吃完掉头就走。老头不识是皇帝，问他要钱。同治说明天晚上还来吃，一起付钱。第二天晚上，同治吃过后，给老头一字条，指了路，让老头去取钱。老头收摊回家，请识字者看字条，上面只一句："著内务府给来人二万两银"，尾签"御笔"。一大早，老头按同治所指地方来取钱，侍卫大惊，将老头扣了起来，把字条关入内宫，呈报慈禧太后。太后叫来同治，问明原委。太后传旨内务府如数支付，将老人打发。

在现代，领袖的花费，一要遵循商品市场经济的等价交换原则，二要能够对纳税人做出交待。

1986 年 10 月，美国国务卿舒尔茨在乔治亚州奥古斯塔高尔夫俱乐部玩了三天，事后，8000 美元的账单寄到了国务院。经过一阵公文旅行，账单不知转到哪里去了。几个月后，旅馆老板让一位众议员帮着催一催。众议员打了几通电话，感到有点窘困的国务院立即把账单付了。国务院发言人说，8000 美元还不包括一架飞机将国务卿一行送到奥古斯塔的费用。

1988 年 10 月，舒尔茨的花费又一次引起非议。众议院总审计局的一份调查报告说，国务卿舒尔茨从 1986 年 1 月到 1988 年 9 月为办私事共花费了近二百万美元公款。这些私事包括舒尔茨个人及家庭到外地度假，打高尔夫球等。报告说，舒尔茨每次因私外出都要动用空军专机、租用专线电话、带去许多随从和特工。纳税人为此支付了巨款，但舒尔茨本人只向国家支付了近二万美元，只是总费用的 1%。

对此，国务院发言人辩解说，舒尔茨坐军用专机、租用专线电话是出于安全和通讯联络的需要。他说，作为国务卿，一年 365 天，一天 24 小时，都是国务卿。国务卿的需要，不会因为休假而消失。

1989 年 1 月 20 日，乔治·老布什就任美国总统。自乔治·华盛顿 1789 年 4 月 30 日就任美国第一任总统，到老布什就任，刚好二百周年。老布什的就职仪式以 "从乔治到乔治——二百周年" 为主题，基调是 "和平，繁荣，独立"。庆典耗资两千多万美元，创历史最高纪录。

2005 年 1 月 20 日，小布什再次宣誓就任总统。对布什家族来说，这是父子两代的第五次白宫就职典礼：老布什两次当选副总统，一次当选总统；小布什则连任两次总统。①

按照美国宪法规定，在每次大选之后，前任总统的任期到 1 月 20 日的中午 12 点为止，新任总统必须在此之前当众宣誓就职。小布什将承袭罗斯福总统在 1933 年所创始的做法，先从白宫去附近拉斐德公园旁的圣约翰教堂做祈祷，然后由国会领导人前来伴送至国会山庄进行宣誓。

就职典礼的地点原来在国会东侧，但从里根开始改为西侧。因为西侧的视野更为开阔，可以鸟瞰华盛顿纪念碑与林肯纪念堂。

---

① 司马达："布什的第二次就职典礼"，新加坡《联合早报》2004 年 12 月 16 日。（本书著者注：此节引文写于典礼之前，故情境是将来时态。）

典礼宣告开始之后，小布什将举起右手，面对联邦最高法院首席大法官朗读简短的誓言："我，布什，忠诚履行美利坚合众国总统的职责，将尽最大努力遵循、捍卫并维护美利坚合众国宪法。"自从 1989 年以来，总统宣誓一向是由大法官伦奎斯特主持的，不过如今他身患癌症，这次是否照常还不能肯定。

在总统就职观礼台上，将有 1000 位贵宾就座，包括全体国会议员、最高法院法官、各州州长，前来祝贺的外国领导人和各国使节。现场的二三十万民众，可以从专为这次典礼架设的大型电视屏幕上观看主席台上的活动。

由于这是"9·11"事件之后的第一次总统就职，特别严格的安全防护措施将是最大特色。为了保证安全，美国政府将出动 4000 名警察和调来一个旅的兵力维持治安。在总统就职那天，从国会到白宫的宾夕法尼亚大道，每隔 6～8 英尺就有一名警察。许多便衣、特工将混进公众队伍中，狙击手将布置在 450 座建筑物的屋顶上。官方还将做好防备生化与放射性武器的救援准备，甚至还成立临时联合司令部，准备应付不测事件。

为了在就职当天展示总统与民同乐的精神，1 月 20 日将在华盛顿的一些公共场所举办八九场大型舞会。这种舞会是在 1809 年由麦迪逊总统夫人最先举办的。当时参加的不过400 人，现在想参加的人上万也不止。届时将邀请著名的艺人来演唱。小布什夫妇当晚将旋风似地在每一个舞会场面出现，甚至与大家共舞。

舞会是以得州协会的名义主办的。总共印发 1 万张入场券，其中一半供军政要员、国会议员与各方贵宾参加。另一半则公开发售给公众。卡特当选后，为了标榜平民总统身份，曾在就职那天把舞会入场券降为 25 美元。但 1989 年老布什上台，因为财大气粗人脉广布，特意举办 8 场舞会，总共有 5 万人参加，票价提高到 125 美元。此次 2005 年的入场券虽然标价 175 美元，但黑市价格已经飙升到了一对夫妇 1550 美元，八口之家 6000 美元，而且全部销售一空，一票难求。

总统就职典礼的各项活动开支浩大，钱都从哪里来？白宫已经任命小布什竞选时掌管财务的雷诺斯来筹措款项。除了门票收入之外，主要是靠各方赞助。如果要想跟正副总统在同一个宴席上共进午餐，那就得出 25 万美元的高价来购买两张餐券，外加包两桌"烛光晚宴"宴席的优惠。白宫这次反正要借此机会掏尽赞助者的荷包，以便使筹款总数达到 4000 万美元的目标。

在庆贺总统连任的舞会发起人名单上，有化工、石油、制药、化妆、食品等大企业的老板。其中 23 家每家赞助 2.5 万美元，34 家每家出资 10 万美元，总数远远超过了 280 万经费开支所需。不过，他们将会得到总统的回报，被白宫外放到哪个小国去当几年大使。

6. 残暴性

可说是丧尽天良、丧尽人性。

南朝的宋明帝刘彧很喜爱下围棋，病危时念念不忘围棋名手王彧，派使臣送毒酒赐王彧自尽。当时王彧正与友人下棋，读完敕书后，神色自若，继续为局上的一处劫争绞尽脑汁，大动干戈。棋毕，王彧将棋收好，取过毒酒，对友人抱歉地说：“此酒不宜相让。”一饮而尽，命绝。①

清朝的慈禧太后有次让一位太监陪着下象棋。太监一时兴起，随口溜出一句：“奴才杀老佛爷一匹马。”太后勃然大怒：“我要杀死你。”令人将这位太监拖出门外，殴打致死。

7. 灾难性

以主要甚至全部的时间、精力来追求个人生活偏好的满足，把它凌驾于政务之上，由此而导致一幕幕因个人偏好而失权丧命亡国、社会动荡人民受难的悲剧。

禹的儿子启，杀死了禹禅让的益，自己坐了帝位，开中国历史上帝位世袭之先。启好酒耽乐。传其子太康，太康更为荒淫，娱以自纵。启的另一个儿子武观便起来作乱，史称"太康失国"。

羿善射箭，恃其武力而不修民事，日以田猎为乐，被亲信寒浞所杀，篡去帝位。

殷代，饮酒成了时尚。有的帝王就死于酒精中毒。纣终日沉湎于"酒池肉林"之中，葬送了殷朝。

战国时，郑灵公得楚国送来的一条大鳖。吃时，郑灵公不给大臣子宋吃，子宋大怒，用手抓了一块，吃了就走。郑灵公火了，要杀子宋。不料子宋动作更快，抢在前边先下手，将郑灵公杀了。

齐威王与魏惠王在一次会见中，谈到以何为宝。惠王自夸：“魏国虽小，但我尚有直径一寸的宝珠十枚。置车上，晚

---

① 罗词安："历代棋坛逸事"，《人民日报》海外版 1992 年 10 月 24 日。

上出行，可照亮前后十二乘车辆。难道像齐这样的大国，能够没有这样的宝物吗？"

威王答道："对于何物为宝，我的看法不同。我有臣檀子，使守南城，楚人不敢为寇；有臣盼子，使守高塘，赵人不敢入侵；有臣黔夫，使守徐州，燕人不敢来犯，七千家前来投齐；有臣种子，使防盗贼，则道不拾遗。此四臣者，光照千里，较之只能照这十二乘车辆的宝珠，不是更加宝贵吗？"

一番对话，反映出两位国君的极大不同。威王继位后，从整肃吏治、起用人才开始，逐步使"齐国大治，强于天下"。

惠王则玩物丧志，不重人才，用人不当。内则政治紊乱，外则连战皆败。他错用庞涓，损兵折将，而被庞涓逼走的孙膑，却为齐威王重用，使齐军连战皆捷。

两王关于何物为宝的争论，由齐强魏弱的历史事实做出了裁决。

唐敬宗十七岁继父位，荒淫无度。把市井无赖召进宫中，同他们踢球、摔跤。到了夜晚，喜欢出皇城猎狐，称为"打夜狐"。一次"打夜狐"深夜回宫，余兴未尽，又同最宠信的太监刘克明等饮酒取乐，喝得兴高采烈。醉醺醺地到内室更衣时，由刘克明等三个太监侍候，早有杀机的刘克明，向另外两个太监递个眼色，熄了灯火。黑暗中，敬宗稀里糊涂就送了性命。

唐文宗在位十余年，前期被太监王守澄专权，后期被太监仇士良专权。仇士良对后辈太监传授操纵皇帝的方法，说：对待皇帝，千万不能让他闲着。他一有空，势必要看书，接待朝臣，结果就会增添智慧，采纳朝臣的建议，不追求吃喝玩乐。这样一来，对我们这些人就不会宠信了。我们也就不能专权了。为了你们今后的前程打算，我告诉你们，要想尽办法弄钱财，供皇帝挥霍。成天让他追求声色犬马，叫他每天只想吃喝玩乐，极尽奢侈之能事。不留出一点空闲时间，让他流连忘返。这样，皇上就不留心学问了，对于政事也不过问了，凡事全凭我们，宠信、权力还能跑到什么地方去！

明武宗15岁继父位，宠信以刘瑾为首的八名太监。这八名太监都是武宗当太子时的贴身太监。太子登基，这帮太监张狂得不得了，被称为"八虎"。刘瑾少年时原是一个无赖，后自己净身进宫当太监。由于善于察言观色，深得太子欢心。武宗继位后，他更肆无忌惮地引诱武宗吃喝玩乐。他帮武宗乔装改扮出宫去寻欢作乐，使武宗欢喜若狂。刘瑾将歌舞、角力、斗鹰、赛犬等纷纷呈献给武宗，使武宗在淫乐中无心治理朝政。刘瑾却乘皇帝玩兴正浓时，排除异己，安插亲信，执掌了天下大权。人称武宗是"坐皇帝"，刘瑾是"站皇帝"。

明熹宗自幼癖好木工活。16岁当上皇帝后仍对之兴致极浓。太监魏忠贤经常在熹宗玩得正高兴时前去奏事。这时，熹宗总要魏忠贤赶快走，说："我都知道了，你看着办吧，怎么办都行。"就这样，大权落到了魏忠贤的手中。

古罗马皇帝康谟特斯性情残暴异常，喜欢与大力士角力，不顾皇帝尊严，时常纡尊降贵地作乐。此事甚为百姓所恨，士兵所轻。在其情妇及皇宫中其他人的唆使下，大力士纳西塞斯在一次角力中将其扼杀。

罗马皇帝尼禄不到17岁登基，生活放荡。宫廷内两派用谄媚来争夺对皇帝的影响，竞相鼓励他的嗜好。罗马城被大火焚毁时，尼禄还在弹琴取乐。最后，尼禄被废黜，自杀身亡。

三、后任与前任的对比

当前任深得民心时，继任者应该尽可能地模仿前任个人的生活偏好（当然要不至于是东施效颦），偏好上的无反差或小反差，给人一种稳定感、安全感。当前任不得民心时，继任者应该逆前任的偏好，以个人生活偏好上的大反差，给人一种新的讯息和新的希望。

1. 无意的与有意的偏好反差

胡佛与富兰克林·罗斯福，是前后任的美国总统，两个人的生活偏好有许多不同。对于后任的罗斯福而言，有些偏好反差是无意的，有些则是有意的。

在任何一对前后任的领袖之间，偏好上无意的反差是自然的、大量的、普遍存在的。因为个人生活偏好是高度个性化的东西。

胡佛喜欢打健身球，每天不懈，风雪无阻。罗斯福根本不可能有这种偏好，因为他要在轮椅上才能走动。这种反差就是无意的。

有意的反差往往是选择少量或者就是一件影响较大的偏好，对着干，令人耳目一新。

胡佛任上，西方历史上最大的经济衰退（20 世纪 30 年代的大危机）已经开始，胡佛对此显得有点手足无措。但他每次用餐，进入餐厅都有乐队奏乐，盛典一般，架子、场面仍是宏大堂皇。罗斯福一上任，除了推出许多消除危机的"新政"之外，也立即废除了进餐时的排场，给人民以"共渡难关"的信心。这种反差就是有意的。

蓬皮杜和吉斯卡尔，是前后任的法国总统。

蓬皮杜喜欢马尔马雷拉的现代式样家具；吉斯卡尔则喜欢 18 世纪的神圣的古典式样家具。这是无意的反差。

蓬皮杜的前任是戴高乐。戴高乐入主爱丽舍宫时，爱丽舍宫给人的感觉是进入了一座军营，空气好像都凝固了。工作人员总是悄声屏息，穿着深色的平庸无奇的服装，打着色彩暗淡的领带，一切都似乎受到某种不成文的军规的限制。

完全靠戴高乐一手栽培起来的蓬皮杜，全盘继承了戴高乐的政治遗产。对于爱丽舍宫，也有意地保持了戴高乐时的原样。这种有意的无反差，就是要给人一种他是戴高乐的嫡系传人的感觉。

吉斯卡尔则要摆脱戴高乐和蓬皮杜的阴影。他入主爱丽舍宫后，从小处着手，逐步消除了两位前任遗留下来的陈规陋习。吉斯卡尔认为，人们对总统宫殿的形象要比对整个国家的形象更感兴趣一些。吉斯卡尔下令把爱丽舍宫的外墙粉刷一新，增添家具，购置艺术品。在新总统的治理下，爱丽舍宫开放而富有活力，军营般的感觉彻底消逝，气氛明显地轻松多了。工作人员穿着衬衣走来走去，有些竟是粉红色的衬衣。这是有意的反差。

2. 无效的与有效的偏好反差

齐宣王爱听吹竽，而且一定要三百个人的乐队一起合奏听着才过瘾。南郭先生本来不会吹竽，但混在里面凑数，装装样子，也和别人一样得到赏赐。宣王死后，湣王立，也爱听吹竽，但湣王喜欢听一个人一个人的独奏。南郭先生再蒙不下去了，只得溜之大吉。这就是中国历史上"滥竽充数"的典故。

湣王对宣王的反差，除了砸掉了南郭先生的饭碗之外，可以说对社会并没有什么影响（起码是没有发现这方面的记载）。因此可以称之为是无效的偏好反差。

反之，若对社会有影响或有较大的影响，就可以称之为有效的偏好反差。

1837年，马丁·范布伦就任美国总统。他的任期，正逢美国早期历史上最严重的经济萧条。但范布伦虽然身世卑微，却养成了一种讲究的嗜好。当上总统后，更为铺张，有人描述过他的一身打扮："上穿讲究的带有丝绒领口的黄褐色细毛料外衣；打着镶有端庄的花边梢头的橙黄色领结；里穿玉白色背心；下穿细白帆布裤子；脚穿山羊皮皮鞋；手戴小山羊皮皮套；头戴长毛水獭皮宽边帽。"他乘坐的是一辆棕绿色的马车，由身穿制服的男仆驾驭，拉车的骏马有镶银的马具。这些在当时都是很奢侈的。而这些奢侈与经济萧条的形势又格格不入，理所当然地成了被攻击的目标。

1840年，范布伦争取连任，他的对手是威廉·亨利·哈里森。与范布伦形成鲜明对照的是，哈里森出身显贵，但他的个人经历却使他养成了平民的风度。

一个拥护范布伦的记者嘲讽哈里森说："给他一桶烈性苹果酒，每年发给他 2000 元津贴。我保证，他会一辈子都在他的小木屋里的煤火炉旁学习道德哲学的。"哈里森的党立即"顺水推舟"，抓住对手的这一报道，利用一切可以运用的策略，把他们的候选人说成是边境地区的一个单纯的、直率的人，一个住在小木屋里饮烈性苹果酒的战士。他们抨击"贵族式的"范布伦，说他懒洋洋地待在总统府里，用科隆香水轻轻地拍着全身，呷着从银制冷器倒入进口玻璃杯里的香槟酒。

这个反差非常有效，竞选结果，哈里森赢得了 80% 的选票。

卡特任美国总统时，也是以不讲究衣着著称。在他竞选中以及入主白宫的初期，他的这种平民形象给处于"水门事件后遗症"中的美国人民一种诚实的印象。但在后期，也给人一种诚实朴素有余，威仪气魄不足的感觉，认为他不太像一个总统。

里根一反卡特的稀拉、随便，衣冠楚楚、仪表不凡，一下子唤醒了美国人的自尊自爱自强之心，深受大众欢迎。这也是有效的偏好之差。

这几个事例也说明，衣着上的偏好，是随便还是讲究，本身并无所谓优劣之分。它的政治效果，取决于它所处在的时间、空间环境。在不同的条件下，哈里森的随便击败了范布伦的讲究；卡特的随便先是取得了胜利，后来又失败；范布伦的讲究导致失败，但里根的讲究却赢得了胜利。

3. 和品格相违的与和品格相符的偏好反差

两个领袖在个人生活偏好上的反差，给人们造成的印象，与两位领袖在品格上的反差，可能是相违的，也可能是相符的。

马科斯任菲律宾总统时，他和夫人伊梅尔达都以奢华出名，令民众深恶痛绝。伊梅尔达命令菲航从澳大利亚空运白沙和贝壳，铺在菲律宾的海滩上，供她自己和她的客人们漫步，拾捡。

阿基诺夫人取代马科斯后，厉行节俭，深受民众拥戴。有一次还闹出一点小笑话：总统在一次记者招待会上说，她有三双鞋，是从她老家买来的。记者们抓住这一句话大做文章，说阿基诺夫人的三双鞋与伊梅尔达的三千双鞋形成了鲜明的对照。这消息顿时成了马尼拉各报的头条新闻，街头巷尾的平民百姓议论纷纷。大家以为，节俭当然是美德，但又存有疑虑，堂堂一国总统何至于穷到只有三双鞋的地步呢？第二天，总统发言人赶紧出来否认总统只有三双鞋的说法，指出阿基诺夫人虽然远没有三千双鞋，但也还不至于只有三双鞋。

四、现代中的古代：活化石

在当今世界上，还存在着许多王室。它们既保留了许多过去的传统，也随着岁月的流逝而有了许多的变化。因此，可以将它们称为"活化石"。化石者，凝固的时间也；活者，不息的生命也。

1. 凝固的时间：老传统

据说，中国清朝的慈禧太后有病时，御医既不能与她见面，也不能与她有身体接触，只能隔着帷帐，牵着拴在她手腕上的一条长丝线切脉。一次慈禧不适，请来一位姓陈的御医为她诊治。陈御医既看不见她脸色变化，又不敢询问病情，只是牵线切脉，开了一方消导利食、健脾和胃的药。慈禧连服几帖，果真复元，亲赐一块"妙手回春"金匾给这位陈御医。

其实陈御医的牵线切脉只是幌子。他事先典卖了家产，用重金贿赂内侍及宫女，探得了太后因三天前服食田螺肉引起消化不良的重要"情报"。故能在诊病时，装模作样一番后，对症下药，药到病除。

类似的事，现在也有发生。

一非洲酋长之妻患了急性阑尾炎，必须马上手术。但按习俗她除了丈夫，不能让任何一个男人看见她。万般无奈，只得由酋长亲自操刀，医生站在幕后发出指令。没有受过一点医学训练的酋长操作失当、忙中出错，眼看妻子要成他刀下之鬼，一时惊慌大叫。幕后的医生基于人道主义和医生的本能，来不及多想就冲了出来，顺利地做完了手术。患者当时处于昏迷之中，并不知道这一切，事后，身体已经康复的她得知真相，自杀身亡。

古埃及，觐见国王时，要吻国王脚前地上的尘土。如果被允许吻国王的脚，更感到是一种莫大的恩宠。

英国女王伊丽莎白二世不愿与任何人握手，不管是平民还是外国元首。如果谁伸出手来，想与女王握手或想挎住她的胳膊，这时，走在一起的女王丈夫或王子就要赶紧握住对方的手，以阻止女王所不愿意的亲昵行为。

同时代非王室的领袖，不与人握手，是完全不可想像的。可以说，握手是政治家的第一课，靠此步入仕途。握手既是外交上的一种基本礼仪，也是赢得选民的一种重要"手"段。

在美国，直到20世纪的30年代初期，白宫总是在元旦开放，任何人只要肯去排长队，都可以和总统握手。尽管后来取消了这一惯例，但在其他场合，总统还是和人大握其手的。

美国的蒲尔克总统对与人握手有相当的研究。有次他向人谈起他的研究心得："握手也是一种艺术，我可以和人握一天的手而不感到累。这里的诀窍是，如果和你握手的对方水平地或垂直地伸出手来或把你握得很紧的话，那你肯定要感到很不舒服。但如果当他想握手而还没有握，想抓紧而还没有抓紧时，你就立刻握着他的手。他怎样握你，你就怎样握他，你就不会感到难受了。那么怎样应付对方的紧握呢？当我看到一个身体魁伟的汉子走过来时，我一般总是先发制人，比他快一拍热烈地握着他的手指头。这样就可以避免他握疼我的手了。"讲完这些，总统还态度十分严肃地下结论："其中充满了哲理。"

即使在英国王室，新一代成员也还是很乐于与人握手的。戴安娜王妃就十分平易近人，当她看望福利院里的老人、学校里的儿童、医院里的残疾人时，总是十分亲切地拍拍每个人的肩头，抚摸孩子们的脸颊或头顶，并和这些人握手，有时还拥抱。有次视察艾滋病患者病房时，她也毫无顾忌地与病人握手。弄得王室惊恐万分，事后对她进行了全面严格的检查和处理。

对于古代延续下来的王室保留一些老传统，人们是可以认可和接受的。但对其他人摆帝王威风的企图和行为，人们将会给予谴责和反抗。

中非共和国的博卡萨废弃共和，加冕称帝。为举行登基大典，共耗费当年全国预算的一半。金皇冠，价值 700 万美元；饰有展翅雄鹰的金宝座，重达 2 吨；皇袍，嵌有 78 万粒珍珠和近百万粒水晶珠，价值 3000 万美元。但不久即被推翻，皇帝梦破灭。

美国的西奥多·罗斯福总统和尼克松总统都曾打算让白宫的服务人员和警卫人员像欧洲皇家的仆人和侍卫一样，穿一种带镶边的制服。相隔 70 年的这两起事，都遇到了美国公众相同的反应：愤怒、嘲笑、讥讽总统的虚荣。两次计划都以流产告终。

2. 不息的生命：新变化

生活在现代社会中的帝王们，与他们的前辈相比，已经有了很大的改变。

瑞典国王卡尔十六世，被他的臣民们形容为是"世界上最贫穷的国王"。他的免税年俸为 200 万美元，其中 60% 以上要用于支付其他王室成员的年俸、侍卫和仆人的工资。国王的私人财产估计为 1500 万美元，其中包括股票、各种艺术珍品、贵重家具及珠宝等。国王名义上拥有 8 座城堡，大约 6000 多所房屋，但实际上除个别别墅、庄园外，所有的城堡、宫殿均属于国家，国王只有使用权。同时，公众可以随意前往参观游览。

卡尔十六世在花销上力求节俭。一次，为了装修他在盛大庆典上使用的御用马车，他在伦敦拍卖四辆古式四轮马车，得到约三万多美元。

1985年，国王缴纳税款为三十多万美元。

瑞典人很爱戴他们的君主。当记者采访问到原因时，他们回答说："为什么不呢？我们的国王陛下跟我们没有什么不同，他努力工作，生儿育女。再说，他也纳税呀！"

泰国王储哇集拉隆功亲王一再申明，他是和泰国普通老百姓一样的人，没有什么特殊之处。

他希望自己树立的形象是："一个负有责任，有具体工作的普通人，仅此而已。"亲王说，他将继续保持他驾驶战斗机的技术，以便在履行其职责时能尽快地抵达全国各地。

摩洛哥国王哈桑二世的主要爱好是医学研究。他发明的一种研究人的心脏功能的医疗仪器，在美国取得了发明专利权，使他成为在美国获得发明专利权的第一个国王。

摩纳哥的史蒂芬妮公主，热衷于当一个影视演员。因为她的母亲葛丽丝凯莉皇后曾是好莱坞著名艳星，以"冰山美人"闻名于世，并因主演《乡下姑娘》获得过奥斯卡最佳女主角金奖。

当代帝王的个人生活偏好对社会发生效应时，已不再能够"一句顶一万句"、"理解的要执行，不理解的也要执行"了。

英国王储对现代英国的城市建筑风格十分不满，对英国建筑师们进行了尖锐的抨击。他谴责建筑师们对伦敦造成的破坏比在第二次世界大战中希特勒的轰炸机群所造成的破坏还要严重。王储批评战后的建筑巨大、死板、没有特色，使城市变得难看，拥挤的摩天大楼破坏了古建筑的辉煌。

　　如果是在皇权专制的年代，这些建筑师们的脑袋恐怕就保不住了。但现在，查尔斯只是在一个由他亲自撰写、解说、制作的电视节目中，发表这番意见。他希望建造更多源于英国丰富的建筑传统并与大自然和谐一致的建筑物。希望而已。

2004 年的一段时间，土耳其国内媒体和舆论争议最多的新闻图片，并不是美军虐待伊拉克俘虏的裸体图片，而是希腊总理科斯塔斯·卡莱曼利斯在接待来访的土耳其总理埃尔多安夫妇时，按国际礼节惯例拥抱并亲吻土耳其总理夫人两颊的镜头。这一举动在土耳其国内引起了轩然大波，并导致土耳其舆论和政界对希腊总理的猛烈抨击。

据报道，几天前，土耳其总理埃尔多安带着一身穆斯林传统服饰的夫人艾米娜·埃尔多安，以及 100 多名政府官员、工商界领袖和新闻记者，对希腊进行了访问。他是自 1987 年以来第一位踏上希腊国土的土耳其总理。

这期间，希腊在拜会和餐宴方面都恪守客人的穆斯林习俗：比如国宴上不陈列任何含酒精成分的饮料；在穆斯林禁止异性相互握手的场合中，希腊一方总是先等女客人伸手，才确定是否可以握手答礼；此外，还不能在自己丈夫面前称赞对方妻子美丽。

但是最后送行的一刻偏偏出了差错。或许由于这次访问期间，两国总理相谈甚欢，也奠定了两国关系大幅度改善的基础，因此希腊总理卡莱曼利斯一时忘情，就按照国际礼节，拥抱了披戴穆斯林头巾的埃尔多安夫人艾米娜，并在艾米娜的两颊各热烈亲吻了一次。这是国际惯例，本无可厚非。但在一个以穆斯林礼教为主的国家，可闯了大祸。

针对希腊总理的拥抱和亲吻，艾米娜显然毫无思想准备，只见电视镜头中可以清楚地看到艾米娜神色突然变得愕然，但随后又镇定了下来，含笑接受亲吻，埃尔多安本人虽然在一旁从头到尾都维持着含笑神情，但完全可以看出他也十分的不自然，并且一度试图转身他顾，显然有意装作视而不见的神情。

当上述亲吻脸颊的镜头传回到土耳其国内后，立即引起了轩然大波，尤其是保守主义媒体和反对派政治家们，群起抨击希腊官方不懂外交礼仪，有的甚至指责希腊蓄意羞辱土耳其。

其中土耳其发行最大的大报之一《民族日报》，在头版的显著位置刊出了艾米娜被亲吻的大幅照片，并且配以一行非常巨大的颇具煽动性的标题："礼教的危机"，指责希腊总理严重违反礼俗之约，侵犯了穆斯林异性之间不得握手、更不能亲吻的教规。

由于反响巨大，土耳其国营电台及电视台接到了政府的命令，不得播映这一引起争议的镜头，才未在土耳其全国范围内引起更多的争议和不满。

接着，总理夫人艾米娜亲自写了一份声明，在土耳其国内的一家媒体上公开发表。她在声明中说："那些爱护我们的人请继续为我们祈祷，我们并没有做出任何伤害或令人难堪的行为。"此后，这场争议才渐渐得到了平息。据悉，土耳其人口中超过90%为穆斯林，而埃尔多安所领导的执政党"正义发展党"，主要支持者正是广大的穆斯林。①

① 《青年报》2004 年 5 月 17 日。

第 *12* 章
领袖偏好及其效应的空间差

国界，不仅存在于地理上，而且还存在于人们的心理上。不同地方的不同政治、经济、文化的传统与现实，决定了领袖偏好及其效应的空间差。

 ## 一、爱情·家庭·女士

1. 爱情第一

在美国，一个政治家如果没有在他身边的妻子忠诚的、或谨慎的，哪怕有时是勉强的微笑，他将一事无成。这一传统，在里根夫妇身上得到了最完美、最动人的展示。在公开场合，总统和第一夫人几乎形影不离，他们毫不掩饰他们的爱情，亲吻、拥抱、翩翩起舞、紧紧依偎坐在一起、手拉手向大家致意。他们的相亲相爱表现得那么自然、那么真挚、那么热烈，谁会不受感动呢！

但在东方国家（这里的"东方"、"西方"，主要不是一个地理的概念，而是一个由地理概念演变而来的政治概念。世界传媒中经常还可见到"南方"、"北方"两个词，主要也不是一个地理的概念，而是一个由地理概念演变成的经济概念。"东方"、"西方"指政治制度的不同；"南方"、"北方"指经济发达程度的不同），领袖对妻子的爱是不为民众所知的。这是东方的传统，与西方正好相反的传统。

领袖有没有爱情，领袖的爱情生活是否向公众透明，不仅反映了东西方对爱情的不同观念，而更深层的是，它还反映了东西方对第一夫人在国家事务中该不该起作用、该起什么作用、该起多大作用的不同立场。

在美国，第一夫人通过与丈夫交换意见、通过参与社会活动、通过大众传播媒体，对国家事务发挥着巨大的影响，不足为奇。

在东方国家，传统上认为夫人干政是不会有好结果的（其实结果的好坏取决于社会制度，而不是取决于是男人还是女人干政），因而在宣传上就尽量淡化第一夫人的形象。

实际上，任何第一夫人对丈夫都是有影响的，如果他们之间的夫妻关系是正常的话。就像任何一个普通家庭里，夫妻间若不是有隔阂，也会谈到各自的事，相互征询意见一样。只是这种影响的方式、作用力大小有差别，再就是宣传上有差别罢了。当然，如果领袖只听从夫人的意见，而这种意见又是不正确的意见的话，那就要出乱子了。

美国的第十九位总统海斯对总统和第一夫人的关系做过一个简练的概括："海斯夫人不可能对国会有多大的影

响，但她对我却有很大的影响。"

里根夫人有一次也专门对记者谈到了这个问题。她说："虽然我不参与制定政策，但是要说我的意见对我与之结婚35载的那个男人没有什么分量，那是愚蠢的。"她接着说，"只要人们生活在团体中就存在着如何对待老板娘的问题。我是很爱自己丈夫的那种女人，我不认为照料他的个人生活和政治事业有什么过错。无论是婚姻关系还是政治纷争都不能剥夺一个配偶持有自己看法的权利和表达这个看法的权利。"她说："我认为第一夫人是使总统不脱离民众的又一个途径。我同人们谈话，他们跟我谈各种事，然后，我将这些告诉我丈夫。"

不管怎么说，公开地表现夫妻之间的爱情，是会受到现代社会里广大民众的欢迎的。

在英国，扮演南希这一角色的曾是位过了70岁的男人，丹尼斯·撒切尔，首相玛格丽特·撒切尔夫人的丈夫。在撒切尔任首相期间，人们对丹尼斯的评价很高，说他"圆满而出色地发挥了'妻子'的作用，远远超过了世界上所有的第一夫人。"（那时候，英国国王和英国首相都是女人。名义上的"第一夫人"应该是女王的丈夫，但实际上的"第一夫人"还是女首相的丈夫。因为女王只有名义上的地位，而女首相才有实际上的权力。）

丹尼斯是一位大企业家，他虽然不喜欢政治，但仍热心支持妻子的事业。每逢竞选，丹尼斯就随夫人去全国游说。当玛格丽特发表演说或举行记者招待会时，他总是"妇唱夫随"，率先鼓掌，有时还扯起大嗓门喊道："讲得对!""讲得对!"

撒切尔夫人在政治上被称为"铁女人"，但在对丈夫的爱上却是"柔若无骨"、"柔情似水"。撒切尔夫人说："最大的快事莫过于得到丈夫的激励。"她形容自己对丈夫的爱有如"一根金线串连着一天又一天、一月又一月、一年又一年"。在公开场合，她总是佩戴着丈夫送给她的两件生日礼物，一件是珍珠项链，另一件是镶有五光十色宝石的金手镯。在一次内阁会议要结束时，她看了一下手表说："我还来得及赶到街口的食品店去，给丹尼斯买点熏肉。"有人建议不妨让秘书代劳，首相却说："不。只有我知道他喜欢哪一种熏肉。"

在有些西方国家，第一夫人传统上也不经常抛头露面，例如意大利和法国。但近年来，这一传统已有突破，有向美国传统靠拢的趋势，据说一个很重要的原因就是里根夫妇的巨大成功。

在1988年的法国总统大选中，第一轮有八位竞选者。电视台组织了一个专门采访候选人配偶的专题节目，谁知只有密特朗夫人达尼埃尔、希拉克夫人贝尔娜蒂特、巴尔夫人夏娃三位参加。原来另外五位候选人中，有四位是离婚独处，再一位虽未离婚，但夫人却拒绝参加这个节目。

在竞选中，这三位夫人都很活跃，一反法国政治家不携夫人同台亮相的习惯，与丈夫一起走上前台。密特朗夫人说："我愿意再当7年第一夫人，这是一场严峻的挑战，但是我不怕。"希拉克夫人针对关于她丈夫性格暴躁而又咄咄逼人的说法，在电视上辩解道："我不明白人们为什么会这样说。他是个非常有耐心，而且极其文雅的人。"

给这三位夫人最好的回报是，在第一轮选举结束后，刚好是她们的丈夫处于领先的前三名。这也多多少少地说明了一点，现代社会的选民们希望自己的领袖，是一个有着完善爱情生活的人。

2. 家庭至上

与爱情有同样意义、密切相关而稍稍更拓宽一点的，是领袖的家庭生活。竭力展现自己的家庭观念、对家庭的责任感、对家庭成员的爱，也是西方国家领袖赢得民众的一个重要策略。

1988 年 11 月 21 日，加拿大总理布赖恩·马尔罗尼在大选中竞选连任成功。获胜后与支持者见面时，站在总理身旁的，是他年轻貌美的夫人米拉和两个十岁左右的活泼可爱的儿子。

在这的前几天，11 月 8 日，老布什获知自己当选美国总统的消息后，和夫人率儿孙几代人向选民们欢呼致意，大有是全家人共同获胜的味道。

在美国，教会、学校、家庭被认为是社会的三大支柱。家庭观有两个方面的内容：完整的家庭成员；和睦的家庭生活。

1948 年美国总统大选的获胜者杜鲁门，以他直率的、即席的演说，打动了选民。同时，他当众表露对夫人、对女儿的爱，也博得了民众的赞赏。"你们愿意见见我的家庭成员吗？"每次他演讲之后总要问问大家。然后他介绍他的夫人，"这是我的老板"；他的女儿玛格丽特，"这是我的小乖乖，也是我的老板的老板"。

1985 年，里根在其第二任美国总统就职演说的开头，就是向家人问候，以显示家庭观念之强。

1988 年老布什决定选择 41 岁的丹·奎尔为副总统候选人。里根称赞这一决定，夸奎尔"睿智，天才，富有家庭观念，精力充沛"。

在这次选举中，老布什向选民们表示，在他大学毕业后的全部经历——石油商人、国会众议员、驻联合国大使、共和党全国委员会主席、驻北京联络处主任、中央情报局局长、副总统——中，他最引以为自豪的是这个事实："我们的孩子都还回家。"

在他的自传中，老布什写道："无论哪个孩子在无论什么时候打电话来，无论我当时正在干什么，电话都得接过来。这成了我办公室里一条不成文的规定，现在仍然如此。"

老布什的竞选顾问们认为，老布什家庭的良好气氛，对竞选是非常可贵的。竞选中，老布什家族全部上阵，显示他们家族的团结和睦。除了老布什夫人外，帮助竞选的还有：老布什的母亲，一个女儿，四个儿子，两个儿媳，十个孙子女，三个兄弟。

在入主白宫的第一天，老布什邀请了许多客人参观白宫。第一位客人，就是他的母亲。

在东方国家，传统上，家庭观念对领袖来说如果不是一件坏事的话，起码也是一件无足轻重的小事。人们对于领袖的家庭生活、家庭成员，知道得很少甚至完全不知道。

3. 女士优先

东西方文化的再一种差别，与爱情、家庭有关但又不同于爱情、家庭的，是对女性的态度。西方注重对女性的尊重与礼让；东方则是大男子主义。

出访欧洲国家，在上下飞机、汽车、电梯等场合，日本首相中曾根总是习惯于自己走在前面。这时周围的随员就小声地提醒："夫人先走"、"夫人先走"。首相夫人笃子听腻了这种提醒。当返回日本，专机在羽田机场一降落，笃子夫人终于松了一口气，大声欢呼"'夫人先走'结束了!"

日本的社会制度可以说已经完全西方化了（西方七国首脑会议即有日本参加，因为日本在政治上经济上已经是一个西方国家），但其文化传统却主要还是东方的。大男子主义在日本仍然很普遍。

日本首相鸠山非常喜欢洗澡。每天回家，什么事都不干，首先要洗个澡。有一天，女佣人不小心，锅炉里没放水就点起火来，结果烧坏了锅炉。鸠山回家后，像往常一样准备洗澡，夫人告诉他，锅炉坏了，今天不能洗。鸠山听后，不容分说，伸手便打了夫人一记耳光。事后，感到对不起对方的，不是打了人的鸠山，而是挨了打的鸠山夫人。夫人检讨自己：如果提前打个电话告诉鸠山锅炉坏了，他就不至于发那么大的火。鸠山回家把衣服都脱了，又不能洗，当然会生气。

日本首相佐藤的夫人宽子，因为挨丈夫的拳头而引起世界注目。在日本，具有日本男子汉气概的丈夫经常对妻子动武，佐藤家也不例外。对此，宽子并不认为是什么大问题，因而满不在乎地在外面对别人讲述吃佐藤拳头的事情。有一次，她对一家周刊的记者说："我的丈夫是个很厉害的人。他的力气很大。我挨过他不少次打。我的大儿子很同情我，说：'我要结了婚，决不打老婆。'"这件报道立即传遍了欧美国家，成为人们的话题：一个国家的首相还打老婆。很多国家的读者给佐藤寄来了抗议书，给宽子寄来了慰问信。对这种反应，宽子也感到吃惊。吃惊之余，开了句玩笑："我真想上吊去死。"不料想，这句话又轰动了世界。西方国家的报纸报道说："日本首相的夫人因为失言的苦恼，决心上吊自杀。"由于语言的翻译失去了原来的韵味，一点玩笑的意思也没有了。但是从此之后，佐藤再也不对夫人动武了，而是经常讽刺她说："每当我看报纸杂志，总是提心吊胆你又胡说了些什么。"

若在欧美国家，鸠山和佐藤这样的大男子主义，是很难被民众所接受、所认可的。对于鸠山夫妇和佐藤夫妇而言，打和被打似乎并不否定他们之间的爱情。但对西方人来说，有教养的人、有社会地位的人，感情好决不会动武，即使感情破裂，也不会到打架的地步。他们奉行的是"女士优先"的骑士精神和绅士风度（中国有句古话，叫做"好男不跟妇斗"，与"女士优先"好像差不多。但实质上前者是对女性的轻蔑，后者是对女性的尊重，相去甚远）。

美国总统老布什说："有次母亲打电话给我，说：'乔治，我注意到里根总统对于南希是如何礼貌有加的。我从未见到他先于南希登飞机或走在她前面，他想得可真过周到。'我听了母亲的话后，品出了个中三昧。"后来我们在电视中可以看到，老布什基本上是按照他所品出的个中三昧行事的。

对于女性的尊重和礼让，当然不是只限于对自己的妻子，而是对于所有的女性都应如此。在美国，候选人赢得女性选民的好感，在政治上还有着决定性的实际意义，因为美国的女性选民历来比男性选民要多。1988 年的大选中，女性选民要多出 1000 万人。

在 1988 年的大选初期，各种民意测验都表明，老布什落后于杜卡基斯，而在女性选民中尤为如此。最多时，得到妇女的支持率，老布什比杜卡基斯少 32 个百分点。

为了争取女选民，老布什采取了很多方法。其中有两项是这样的：一个是，播放一个老布什在一家工厂车间里刮鱼鳞的电视片。事后在调查中，许多妇女说："我喜欢老布什，因为他会清洗鱼。"再一个是，老布什的女儿到处游说，不厌其烦地向妇女们讲述，她的父亲不是厌恶女人的人，她说："在家里，不管是妈妈的意见还是我的意见，父亲都听。"事实证明，这些战术都很奏效，从根本上扭转了老布什在女性选民心中的形象。在临近大选前的民意测验中，老布什争取到的女性选民，已由过去的落后 32 个百分点变成领先近 10 个百分点。这种优势，保证了老布什取得最后的胜利。

二、幽默

什么是幽默感呢？最简单地说，就是具有以轻快的语言、神态、举止引起别人欢笑或领会、感受别人带来的这种欢笑的能力。

一点也不夸张地说，领袖的幽默感，是一笔会有很高回报率的政治资本，自如地运用它，更是一种高超的政治艺术，它可以使领袖在冷酷无情、瞬息万变的政治中，得到许多好处。

1. 宠辱不惊地调谐自我感觉

领袖在达到他们政治生涯的顶峰之前，极少是一帆风顺的。即使盘踞于最高权力宝座，也不会是只有鲜花和赞美。有幽默，就可以保持心理平衡。

1922 年，刚做了阑尾切除术的丘吉尔，在竞选中失败，使他 22 年来第一次失去了下院议员席位。丘吉尔说："转眼之间，我发现自己失去了职务，失去了席位，失去了党派，甚至失去了阑尾。"既伤感，又不失豁达。1940 年，65 岁的丘吉尔终于登上首相宝座，并作为著名领袖留名于世界历史。

肯尼迪宣誓就任美国总统后，大选中失败的尼克松与人谈到肯尼迪的就职演说。

"真希望有些话是从我口中讲出来的。"尼克松感慨地说。

"是哪一部分？是关于'凡是国家能办到……'那一部分吗？"对方好奇地问。

"不！"尼克松回答，"是开头'我庄严地宣誓……'那一部分。"

1969 年和 1973 年，尼克松如愿以偿，两次在总统就职典礼上"我庄严地宣誓……"

1981 年，任美国总统才几个月的里根被刺受重伤。住院期间，里根仍妙语如珠。当医生称赞里根很听医生的话时，里根说："我非如此不可，要知道我岳父是医生。"

2. 左右逢源地亲和人际关系

人是社会的人，离开了人际关系就不成其为人。领袖更是如此，要与更多的人打交道。如果这种人际关系由不同国家的领袖构成，那就代表了国家之间的关系。幽默，就是人际关系的润滑剂。

美国总统艾森豪威尔第一次见到他的财政部长时，与部长亲切握手并且说：“乔治，我注意到你梳头的方式和我完全一样。”原来两个人都是秃头。财政部长被总统的这种随和深深地感动了，事后常爱与人谈起这件事，并说他永远也不会忘记。

第二次世界大战期间，美、英、苏三国首脑在德黑兰开会。开始几天，斯大林傲慢、严肃、冷淡、缄默，会议气氛非常沉闷，没有什么进展。第四天，罗斯福决定采取一个新战术。在会前给丘吉尔暗中打了招呼后，会谈时罗斯福不谈别的，只对着斯大林大谈有关英国和丘吉尔的种种笑料。听着这样的笑话，看着一旁的丘吉尔满脸涨红、怒目而视，斯大林终于忍不住哈哈大笑起来。由此，会议气氛大变，进展顺利。

罗斯福讲过丘吉尔这样一件事：丘吉尔每天洗澡后有裸着身子在浴室来回踱步的习惯。访问美国住在白宫时也是如此。一次罗斯福推开浴室门发现丘吉尔一丝不挂，忙想倒退轮椅出去。但丘吉尔伸出双臂，大声呼唤：“进来吧，总统先生，大不列颠的首相是没有什么东西需要对美国总统隐瞒的。”

3. 大智若愚地塑造公开形象

领袖的形象，最主要地取决于领袖的才能和政绩，但往往几句笑话也能对公众发生作用。

美国最伟大的总统之一是林肯，他的容貌不扬，众人皆知，他自己经常拿这一点开玩笑。在一次集会上，他讲了这么一个小故事："有次我在森林的小路上散步，遇到一位骑马的妇女走过来，我停下来让路。可她也停了下来，目不转睛地盯着我的面孔看。她说：'我现在才相信你是我见到过的最丑的人了。'我说：'你大概讲对了。但是我又有什么办法呢？'她说：'你已生就这副丑相当然是没法改变的，但是你可以待在家里不要出来嘛！'"在笑声中，听众感受到的是伟人的谦虚和可爱。

美国总统里根爱打瞌睡，在一些重要场合也免不了。里根对此毫不掩饰，还公开以此自嘲。在一次与记者聚会时，他问大家："还记得我会见教皇时睡着了的事吗？伙计，那是很有意思的。"当时里根因为"伊朗门事件"正处于最严重的公众信任危机之中，他的自嘲打动了人们的心弦，使人们觉得他是坦诚的。

戈尔巴乔夫上任不久出访外国时，苏联第一夫人赖莎就以她的幽默感轰动了西方国家。在参观一家画廊时，远处传来一架飞机发出的轰鸣声。赖莎微笑着说了一句："但愿这不是一枚苏联导弹。"西方报刊就此推论说，一位新型的第一夫人在东方出现了。

4. 避实就虚地绕开敏感话题

谈判桌上，面对记者的追问，领袖总会碰上一些不愿意回答、不好回答或不能回答甚至根本不知道怎么回答的问题。如何应付这些问题，是对领袖的一大考验。长于此道者就会用戏言或小"花招"把它岔开去。这比费尽口舌地解释、争辩要有效得多；更比冰冷的置之不理或生硬的"无可奉告"易于被人接受。

第二次世界大战以后，印度尼西亚总统苏加诺到日本进行国事访问。日本首相吉田估计到对方可能会向日本提出战争赔偿要求。一见面，吉田就先发制人，热忱而欢快地说："我一直盼着你来。贵国总是把台风往我们这里送，给日本造成严重的损失。我一直盼着你来好向你要求台风赔偿。"此话一出，双方都开心地大笑。苏加诺决定这次会议中就不提战争赔偿的事了。

后来当过以色列总理的梅厄夫人，在她刚被任命为外交部长时，记者问她："作为女部长有什么感受?"梅厄夫人微笑着回答："我不知道，因为我从来没有当过男部长。"

澳大利亚的孟席斯在任总理后的第一次记者招待会上，有位记者挖苦他："我想你在选择内阁之前得同控制你的有权势的利益集团先商量一下吧。"孟席斯答道："那当然。不过，年轻人，请别把我夫人的名字列进去。"

当里根总统不想公开谈某个棘手的问题、拒绝回答记者们的提问时，他就让特工人员把记者们推到五十米以外的地方。他自己则边走边伸着耳朵听记者们问话，接着表现出遗憾的神情，假装什么也听不见。

除了"装聋"，里根的再一个高招是"作哑"。在调查"伊朗门事件"期间，一连两天，里根与国会领导人会晤。会晤之前，记者们提问时，里根便假装患了喉炎，声音沙哑地低声说："我今天嗓子哑了。"当一名记者问他，会晤怎么没有妇女时，总统的声音陡然一变，朗声说道："这真是十分不幸的事。"于是，受到"愚弄"的记者们也和周围的人一起哈哈大笑起来。

5. 绵里藏针地化解政敌攻击

遇到政敌攻击时，以幽默对之，既不失风度，又使政敌一下子再无话可说。

有一次，一位参议员批评美国总统林肯是"两面派"。林肯笑道："你这话我可要让人们评判评判。如果我还有另一副面孔的话，岂不很好吗？你想想看，我为什么还留着现在这副难看的面孔呢？"

一位女议员有次对丘吉尔说："我如果是你的妻子，我一定要往你的咖啡里下毒药。"丘吉尔反唇相讥："我如果是你的丈夫，一定把这杯咖啡喝下去。"

联邦德国总理阿登纳在议会发表施政纲领时，一位反对派议员大声地讽刺说纲领中的某个部分是由研究这个问题的一位专家代为起草的。对此，阿登纳停顿了片刻，然后说："伦纳先生，你是一个好妒忌的人！"这句话博得了雷鸣般的掌声。

6. 言简意赅地说明重大事件

简短生动的语言，往往会给人以更深刻的印象，并且更容易使大家理解。

有一次在苏联国内视察时，戈尔巴乔夫按照自己的惯例与汇集在广场上的人们自由交谈。有个人从人群中挤上来对他说："能提个问题吗？是你从来没有回答过的。"这个人在胸前抱着个深棕色的大纸袋，安全人员面露紧张之色。戈尔巴乔夫轻松地点头并以鼓励的口气对抱着大纸袋的人说："提什么问题都行。"

"就是关于我国的世界语研究问题。"那人急急忙忙地说，"你完全明白，这件事现在有多么重要！世界语就是兄弟般的团结，就是友谊，就是相互谅解……"

戈尔巴乔夫开朗地笑着，大声说："啊，世界语！我应该这样回答：我能优先提供给世界语的只有一个词，那就是'改革'。此刻我们正在改革，正在掌握世界语。"

人们都纷纷表示赞同，大家都体会出了这句话的幽默味道和严肃内涵：改革，具有世界性意义。

在一个讨论国际事务的会议上，美国总统里根说他将设法撮合以色列与阿拉伯邻国举行和谈，以避免两败俱伤的悲剧。对此，里根讲了一个笑话来加以阐发。

他说，有一只蝎子，来到河边，要求青蛙背它过河，因为蝎子不会游泳。青蛙说："嗨！要是我背你，你会刺我。"蝎子回答说："傻瓜，要是我刺你，你死了，我也会被淹死。"青蛙觉得有理，便答应说："上来吧！"背起蝎子向河对岸游去。到了河中央，蝎子还是将青蛙刺了一下。

里根接着讲，青蛙和蝎子垂死时，青蛙问蝎子："为什么要这样做，我俩都将死去。"蝎子回答："这里是中东。"

里根说完，会上哄堂大笑，掌声四起。

三、地球村时代

除了爱情、家庭、女士、幽默之外，领袖偏好及其效应的空间差还广泛存在于许许多多其他的地方。这是不同空间历史上长时期的相互封闭与半封闭而造成的。而且，可以预料，在今后的一个较长时期内，空间差还将仍然存在。

同时，也应该看到，由于经济一体化的形成和加速，由于交通的便利和快捷，由于大众传播媒体所携带的"铺天盖地"的前所未有、无所不有的信息的传递和冲击，世界正在变小，也就是所谓的世界进入了"地球村"时代。在这个时代，不同空间之间的相互封闭和半封闭将逐渐消失，领袖偏好及其效应的空间差最终将不复存在。

当领袖到国外去访问或接受外国领袖来访的时候，如果偏好本来就有所不同，就有一个"客随主便"或"主随客便"的问题，借以表示对对方的尊重并拉近相互间的感情距离。在这种时候，如果僵硬地固守自己原来的偏好，就会加深双方的隔阂，阻碍交流。

领袖如果欣赏外来的偏好，"客为主用"，则必将推动"主客合一"即世界文化的大融合进程。

1. 客随主便，入乡随俗

1969 年，日本首相佐藤和夫人宽子访问美国。为迎合美国民众，首相夫人从日本起飞前就换上了当时在美国十分流行的超短裙。记者拍摄的首相夫妇在飞机舷梯上挥手告别的照片，由于是仰角，看上去夫人裙子的下摆高出膝盖足有五公分。这种服饰，在欧美国家一点不以为奇，但在当时的日本，却引起了轰动。

宽子随丈夫 1973 年访问美国时，又一次轰动了日本新闻界。这次是应邀出席尼克松总统的就职典礼。在庆祝晚会上，尼克松邀请宽子跳舞，宽子欣然以对。日本记者纷纷报道："精彩表演的三分钟"，"表演真令人佩服"，"宽子不愧是一位有胆有识的女性。"

后来，日本首相大平正芳和夫人访问美国时，在白宫晚宴上，首相夫人和卡特总统挽臂走过楼廊。这种与日本风俗不同的举止也令日本人吃惊。但志华子夫人却没有勇气与卡特共舞。

也不能都是"入乡随俗"，有时候需要有自己的"一定之规"，"以不变应万变"。

2004 年 12 月，日本首相小泉纯一郎邀请访问日本的韩国总统卢武铉在 17 日共洗"沙浴"，但遭到卢武铉的拒绝。①

日本外务省官员说，小泉邀请卢武铉在日本南部温泉胜地共洗"沙浴"，但卢武铉担心穿着日式浴衣出现在公众面前会对他的形象造成破坏，因此拒绝接受邀请。

不过，卢武铉显然并不反对这种洗浴方式。韩国外交通商部长官潘基文 17 日告诉日本外相町村信孝，卢武铉已经单独进行了"沙浴"，感觉不错。

2. 主随客便，宾至如归

在戈尔巴乔夫为欢迎美国总统里根举行的一次国宴上，平时在公共场合几乎完全不露面的苏联共产党中央政治局委员的夫人们全体出动，而且一个个身着西方的华丽晚礼

---

① 新华社 2004 年 12 月 19 日电。

服。这种前所未有的姿态，显示了主人对客人的热忱和诚意。

尼克松任美国总统时，一次英国首相来访。在白宫南草坪举行的欢迎仪式上，奉召前来的军乐队演奏著名乐曲。

军乐队盛装打扮，红色的缎带、银白的徽章，在阳光下闪闪发光。乐曲富有苏格兰情调，使首相有宾至如归之感。

首相高兴地频频向乐队挥手致意，尼克松也很为自己的安排扬扬自得。两人都满足地聆听着乐队的演奏。

突然，首相和总统两个人都不易察觉地抽了抽鼻子，显出一丝不快。

事后，尼克松对手下大发脾气，责怪他们没有选择好合适的乐曲。原来在仪式将要结束时，乐队演奏了一首著名的《杨基·都得尔》。这首曲子在美国独立战争时期最为流行，它嘲笑了当时打败仗的英国殖民军。时过境迁，在英美是最亲密盟友的时代，在欢迎英国国宾的仪式上，演奏这首曲子，当然使宾主都感到十分尴尬。

3. 客为主用，主客合一

中国清朝的末期，以"新派"自居的袁世凯在天津组织了一个军乐队。军乐队经常排练几支外国曲子，以熟悉西洋乐器。这几支外国乐曲中，即有法国著名的《马赛曲》。一次，军乐队为慈禧太后演奏。慈禧听了《马赛曲》后，大为欣赏。可她不知道，《马赛曲》是法国大革命的凯歌，是法国专制王朝的葬歌。慈禧在镇压了"百日维新"之后欣赏《马赛曲》，实在是一个极大的讽刺。

如此"客为主用"，堪称一奇。

日本最大的在野党社会党的委员长土井多贺子，通常总是穿西式服装，而不大穿日本妇女的传统服装和服。在一次会见记者时，她穿一身浓艳的红光蓝套裙，外披带绿球花纹的宽大短外套。秘书向记者介绍说："有人为委员长制作了价值几万美元的华丽和服，说一定请她穿上这件和服去参加招待会。"记者问："穿了吗？为什么赠送和服呢？"土井回答："这说明穿和服的人们支持我。人们曾多次劝我穿和服，但我却很少穿。乘飞机到处奔波，十分繁忙，根本就没有穿和服、脱和服的大量时间。"

看来，土井的"客为主用"主要是图方便。

巴基斯坦的贝·布托总理却没有土井多贺子的胆量大。虽然穆斯林妇女的传统服装穿起来、脱下去也要花大量的时间，但贝·布托总是一身标准的穆斯林妇女打扮。贝·布托只能做她的选民们能够接受的事，而不能偏离传统太远。尽管她是在美国哈佛大学和英国牛津大学接受了最现代化或者说最西方化的教育。唯一在服饰上表现出西方化印记的，是贝·布托用一副时髦的大太阳镜代替了传统的面纱。

由此可见，"客为主用"的艰辛。

但是，从总的来看，随着文明的发展，各种不同文化的差别将逐步消失。在这个过程中，领袖个人生活偏好的"客为主用"将对"主客合一"发生催化、加速的效应。历史上就有许多这样的例子。

1519 年，西班牙国王派出的探险家科尔特斯在墨西哥阿兹台克人的统治者蒙提祖马的宫里喝到用可可豆制成的饮料。回国后，探险家将蒙提祖马所赠的可可豆饮料献给了国王。

这就是欧洲最早的"巧克力"。西班牙国王很欣赏这种东西，将它引进贵族宴会。一百年后，巧克力风行了全欧洲，被誉为是"上帝的食物"。

17世纪中叶，中国茶叶传入欧洲大陆。后来，嗜茶的葡萄牙公主卡特琳娜出嫁英国，成为英国皇后，将茶叶带入了英国。皇后经常邀请贵妇人到宫廷品茶，使饮茶风气很快在英国贵族中传开，并马上传到平民之中。如今，英国是欧洲茶叶进口量最大的国家；居民人均年消费茶叶达三公斤多；伦敦有世界上最大的茶叶交易所。

后　记

　　不能说我对本书是完全满意的（写作也是一种"遗憾的艺术"。每当我写完、发表一篇论文或一部书，总又可以找到好些本该写得更好的地方。这部书也是如此），但我对它却有着很深的感情，甚至可以说在我已写出的所有文稿中，我对它的感情是最深的。不说别的，单就时间而言，它就是最长的。

　　从我发表第一篇关于这个题目的论文起，已经过去了 23 年，不算小的增删，单是大的改动，本书就四易其稿。第一稿在 1985 年完成，第二稿在 1989 年完成，第三稿在 1993 年完成，第四稿在 2008 年完成。现在终于有机会让它与中国大陆读者见面，我非常高兴。

　　我的妻子，帮助我整理、誊写了此书的前两稿（因为那时候我还没有用到电脑进行写作），也提出了许多有益的意见。

　　我的儿子，今年已过了 20 岁了。在他出生之前，我就开始写这本书，他从小到现在，经常看见我做的事之一，也是写这本书。我一直记得，大约是 5 岁的时候，有次他用他的玩具构件，组合了一个雕塑，有人、有笔、有纸、有书桌、有台灯，他告诉我说："这是你，爸爸。"

关于这部书，我想特别提到三位先生。一位是刘道玉先生，他是我在武汉大学做学生时的大学校长。他所倡导并推行的"培养学生的创造性"的教育思想和措施，可以说是这部书稿最早的激活因子。再一位是我的朋友陈锋先生，我关于这个题目的第一篇论文，就是由他代我推荐出去得以发表的。此后很长时间，他一直关心着我在这个领域里的进展，并以他的历史学专长为我提供了许多宝贵的线索。第三位也是我的朋友，胡定核先生，在我赴美时，他为我保存了这部书稿，如果没有他保存的书稿，一切从头开始，我不知道我还有没有这个精力和毅力。

感谢我的三位学生陈维茗、孙玲玲、孙珏，为本书查找了不少的案例。

最后，感谢郑海燕编辑，为本书付出的辛勤劳动（看她为我改动的数不清的地方，我真是被她的细致、精确、敏锐以及专业精神，深深折服）。

傅红春

2008 年五一小长假

策划编辑:郑海燕
封扉设计:曹 春

图书在版编目(CIP)数据

领袖与大众的互动模式/傅红春 著. –北京:人民出版社,2009.2
ISBN 978 – 7 – 01 – 007200 – 5

Ⅰ. 领… Ⅱ. 傅… Ⅲ. 领导心理学:社会心理学-研究
Ⅳ. C933

中国版本图书馆 CIP 数据核字(2008)第 113970 号

领袖与大众的互动模式
LINGXIU YU DAZHONG DE HUDONG MOSHI

傅红春 著

人 民 出 版 社 出版发行
(100706 北京朝阳门内大街 166 号)

北京瑞古冠中印刷厂印刷 新华书店经销

2009 年 2 月第 1 版 2009 年 2 月北京第 1 次印刷
开本:880 毫米×1230 毫米 1/32 印张:8.75
字数:200 千字 印数:0,001 – 4,000 册

ISBN 978 – 7 – 01 – 007200 – 5 定价:20.00 元

邮购地址 100706 北京朝阳门内大街 166 号
人民东方图书销售中心 电话 (010)65250042 65289539